Mme N. DONDEL DU FAOUËDIC

IMPRESSIONS D'UN TOURISTE

SUR

SAUMUR

& SES ENVIRONS

J. B.

PARIS & LES DÉPARTEMENTS

CHEZ LES PRINCIPAUX LIBRAIRES

et, à Dinan, chez J. BAZOUGE, Imprimeur-Éditeur.

1881

IMPRESSIONS D'UN TOURISTE

SUR

SAUMUR & SES ENVIRONS

Mme N. DONDEL DU JAOUËDIC

IMPRESSIONS D'UN TOURISTE

SUR

SAUMUR

& SES ENVIRONS

J. B.

PARIS & LES DÉPARTEMENTS

CHEZ LES PRINCIPAUX LIBRAIRES

1881

DINAN : IMPRIMERIE BAZOUGE.

A MADAME LA COMTESSE DE CHARETTE

Le 30 Juillet 1880.

Bien chère amie,

Puisque notre charmant projet ne s'est pas réalisé ; puisque l'état de votre santé ne vous a pas permis d'entreprendre le voyage de Saumur et de parcourir avec moi cette jolie ville et ses environs, je me rends à votre prière, qui effarouche bien un peu ma modeste plume — mais, quand on implore au nom de l'amitié, que ne ferait-on pas ? — et c'est tout un journal que je vous écris sous la dictée du souvenir.

IMPRESSIONS D'UN TOURISTE

SAUMUR ET SES ENVIRONS

DE SAUMUR ET DE SES ORIGINES.

A tout seigneur, tout honneur ! Commençons donc par la ville elle-même, qui baigne ses pieds dans les flots majestueux de la Loire et couronne son front de coteaux verdoyants. Cette coquette ville, toute bâtie en tuffeau, est très blanche, très ensoleillée, et, par conséquent, très gaie d'aspect ; l'arrivée a grand air, et l'on croirait entrer dans une cité beaucoup plus importante qu'une ville de 14,000 âmes, lorsqu'à la sortie de la gare, très originale, moitié sous terre et moitié dessus, on franchit les deux grands ponts placés dans l'alignement qui traverse la ville. Le second surtout, qui passa longtemps pour l'un des plus beaux de France, d'une longueur de trois cents mètres, assis sur douze arches elliptiques de soixante pieds de diamètre chacune, est vraiment superbe.

De ce beau pont, construit sous Louis XIV, on aperçoit la partie de la ville bâtie en amphithéâtre le long de la Loire, les fraîches rives du fleuve, la riante montagne des Hardilliers et le château, qui, de tous les côtés, du reste, découpe sa silhouette imposante dans l'azur du ciel.

A l'extrémité de ce pont, le théâtre, à gauche, avec sa colonnade corinthienne, et le grand hôtel Budan, à droite, se font un vis-à-vis fort élégant.

Saumur a de belles voies ; ses nouvelles percées sont fort larges et longues à perte de vue ; l'une d'elles, très remarquable, court tout droit pendant plus de deux lieues.

Maintenant, chère comtesse, et avant d'entreprendre nos excursions *intra* et *extra muros*, figure très permise, puisque Saumur était jadis une place forte de premier ordre dans l'Ouest, et capitale du Saumurois, l'un des huit petits gouvernements de France avant 1789, permettez-moi un peu d'érudition, comme il convient à tout bon touriste qui ne veut pas se contenter de ses seules impressions et tient de temps en temps à recourir à l'histoire, ne fût-ce que pour fortifier son propre sentiment et se maintenir dans la vérité.

Je ne vous dirai pas que le sol angevin soit, comme la terre bretonne, peuplé de monuments druidiques ; cependant, on en rencontre d'assez remarquables, et, à ces souvenirs d'un âge barbare, se joignent les nombreuses traces de la civilisation romaine, qui a laissé son empreinte profondément gravée partout où elle a passé.

Saumur, qui porte aujourd'hui fièrement pour armes : d'azur coupé de gueules, chargé d'une fasce crénelée d'argent, muraillée de sable chargé en chef de trois fleurs de lys d'argent, et en pointe d'un S d'or ; et pour devise : *Mœnia fallunt hostem ; Tormentum dextra domat ; — Ses murs déjouent les efforts de l'ennemi, et sa droite renverse ses moyens d'attaque ;* — Saumur paraît remonter aux premiers siècles de notre ère.

Primitivement, les Autocthones (Aborigènes) occupaient le pays. Plus tard, au temps de la conquête romaine, le département de Maine-et-Loire se trouvait habité par la tribu des Andes, appelés aussi *Andecavi* ou

Andegavi. Après la défaite de leur brave chef Dumnacus, les Andes furent soumis aux Romains, à la suite de la deuxième campagne de César, et, pendant quatre cents ans, subirent leur joug de fer.

Ce ne fut que vers le milieu du quatrième siècle que le Christianisme pénétra dans l'Anjou. L'évêque Defensor enseigna le premier l'Evangile ; mais le Druidisme, avec ses grossières superstitions et ses pratiques sanglantes, était tellement enraciné, que les populations eurent beaucoup de peine à se convertir.

Dans la suite, les religieux bâtirent de nombreux monastères, les Bénédictins surtout, et, à la fin du dixième siècle, le Saumurois comptait les célèbres abbayes de Saint-Maure, qui fut la première, de Fontevrault, de Saint-Florent et d'Asnières, ainsi que les seigneuries de Trèves, Monsoreau, Brézé et Montreuil-Bellay.

Après les Romains, de nouveaux vainqueurs, venus de *la Germanie*, s'emparèrent de l'Anjou.

En 507, Clovis fit la conquête de cette province sur les Visigoths et tua de sa main leur roi Alaric. Saumur s'appelait alors *Murus* (Mur), parce que toutes ses maisons étaient pratiquées dans un rocher escarpé qui avait l'air d'un mur. Pépin-le-Bref, père de Charlemagne, revenant d'une expédition contre le duc d'Aquitaine, et passant par Mur, remarqua sa ravissante position ; il donna ordre aussitôt d'y bâtir une église à saint Jean-Baptiste, espérant ainsi favoriser le développement de cette petite ville. En effet, à partir de ce moment, des maisons furent bâties au-dessous du rocher habité, et cette nouvelle colonie prit le nom de Sous-Mur ; de là, par corruption, vient Saumur. Cependant, quelques écrivains donnent au nom de Saumur une autre origine, que je vous dirai tout-à-l'heure.

Vers cette même époque, s'élevèrent les villas Joannis et Andiliacum (Nantilly), qui furent données, en 848, par Charles-le-Chauve aux moines de Saint-Florent, dont le couvent du Mont-Glonne avait été brûlé par le duc de Bretagne Nominoé.

De 853 à 903, les Normands ravagèrent et incendièrent le pays tout entier.

En 953, *Thibault-le-Tricheur*, comte de Touraine et de Blois, aidé de son fils Eudes, fit bâtir une belle abbaye en l'honneur de Saint-Florent ; puis, pour se mettre à l'abri des attaques incessantes du comte d'Anjou, il éleva une enceinte de murs épais, dont il reste encore quelques traces aujourd'hui ; c'est peut-être de cette muraille de salut qu'est venu le mot *Salus* ou *Salvus*, qui, ajouté à celui de *Murus*, fit *Salvus-Murus*, puis, par contraction, *Salmurus*, ou, suivant d'autres géographes et étymologistes, *Salmurium*, Saumur.

Foulques III, dit Nerra, ce prince batailleur qui, en expiation de ses nombreux péchés, fonda des abbayes, fit trois voyages en Terre-Sainte, et qui, volontairement traîné sur une claie dans les rues de Jérusalem, s'écriait : « Mon Dieu, ayez pitié de moi, traître et parjure ! » Foulques-le-Noir, en 1025, conquit sur Odon de Champagne la ville de Saumur, qu'il réunit au comté d'Anjou.

En 1068, elle fut assiégée et incendiée par Guillaume VI, comte de Poitiers.

En 1369, les Anglais l'assiégèrent vainement. Puis elle passa et repassa successivement en plusieurs mains. Elle fut engagée au duc de Guise, dégagée, en 1570, par le roi Charles IX, et cédée ensuite par Henri III à Henri de Navarre.

Pendant les guerres de religion, l'Anjou fut le théâtre

de plusieurs opérations importantes , et Saumur particulièrement, à l'époque où il avait été donné par Henri III aux Calvinistes , comme place de sûreté. Cette ville était alors défendue par des fortifications datant du milieu du quinzième siècle, époque des principales incursions des Anglais ; elle était entourée de remparts flanqués de grosses tours, dont plusieurs existent encore, et de larges fossés alimentés par la Vienne et le Thouet ; elle était aussi percée de cinq portes, qui furent détruites de 1779 à 1820.

En 1600, Duplessy-Mornay, le plus important gouverneur qu'ait eu la ville de Saumur, y fonda, avec privilège du roi Henri IV, dont il était l'un des plus dévoués serviteurs, une Académie et une Faculté de théologie célèbres qui ne furent supprimées qu'après la révocation de l'Edit de Nantes.

J'aurai, du reste, l'occasion de vous reparler de Duplessy-Mornay, issu de l'une des plus anciennes familles du Berry, chanté par Voltaire dans *la Henriade*, et qui, par son zèle excessif pour le Calvinisme et son grand savoir en matières religieuses, fut pendant cinquante ans le véritable chef des protestants en France. Ses coreligionnaires, dont il était l'oracle, l'avaient surnommé le Pape des Huguenots.

C'est lui qui rédigea, en leur faveur, le fameux mémoire que Coligny fit remettre à Catherine de Médicis et à Charles IX. En 1575, Henri IV le chargea de l'administration des finances. Surintendant général de la Navarre pendant les troubles de la Ligue, il supporta presque seul dans cette province le poids de la guerre. Il fut aussi le messager d'importantes négociations auprès d'Elisabeth.

En 1589, il enleva le cardinal de Bourbon, qu'on voulait faire roi ; en 1592, il fut chargé de traiter avec Mayenne ; mais, s'étant opposé de tout son pouvoir à l'abjuration de Henri IV, celui-ci, mécontent de cette insistance, l'éloigna de sa personne en le nommant gouverneur du château de Saumur. A cette époque, la ville de Saumur avait une élection, c'est-à-dire un tribunal composé de plusieurs officiers Présidents et Elus, pour connaître des différends relatifs aux tailles, aydes et gabelles. Elle relevait de la généralité de Tours.

Il s'est tenu à Saumur quatre Conciles en 1253, 1276, 1294 et 1315.

Les héroïques Vendéens, que Napoléon Ier appelait des géants, et qui, répondant à travers les siècles à la noble parole de Louis XIV, allèrent s'ensevelir sous les ruines de la Monarchie, ces héroïques Vendéens, soulevés comme les Chouans bretons par les horreurs révolutionnaires, ayant pour chefs les de Lescure, Bonchamp, Stofflet, Cathelineau, d'Elbée, de La Rochejacquelein et votre illustre parent Charette, s'emparèrent de Saumur et défirent l'armée républicaine, le 9 juin 1793.

En 1822, l'insurrection contre les Bourbons, fomentée par le général bonapartiste Berton, qui marcha sur cette ville, à la tête de quelques révoltés, fut appelée le complot de Saumur.

Vous le voyez, de tout temps la ville de Saumur a tenu sa place dans les annales de la guerre, et, bien qu'actuellement on parle d'elle d'une manière plus pacifique, sa belle école de cavalerie lui assure un rang distingué dans l'histoire militaire de nos jours.

Et maintenant prenez mon bras, nous allons la parcourir.

Cette jolie petite ville de Saumur renferme beaucoup de maisons neuves, ou qui le paraissent ; d'ailleurs, auraient-elles trois cents ans d'existence, que, crac ! avec un coup de racloir, elles redeviendraient jeunes ; ce tuffeau se travaille si facilement, et quelques vieux monuments dont la physionomie sévère, revêtue de cette patine des siècles, de ce charme particulier que le temps seul apporte, contrastent avec avantage au milieu de ces quartiers blancs et neufs qui les font valoir ; du reste, il y a réciprocité ; chaque âge a son mérite, le nouveau fait ressortir l'antique, et *vice versa.*

Il n'y a pas de halles à Saumur : les marchés se font en plein vent, sur la voie publique, sur les places, un peu partout, et certains jours on s'en aperçoit à l'encombrement des rues qu'on traverse. — Ce mode d'organisation me paraît un peu trop primitif, et les marchands doivent être quelquefois à plaindre, lorsque le ciel ouvre ses cataractes. — Le baromètre de l'édilité reste peut-être toujours à beau fixe, mais cela n'empêche pas le soleil d'or et le firmament si bleu de ce beau pays de se voiler de nuages qui, de temps en temps, répandent sur la ville non quelques gouttes de pluie, mais des torrents d'eau. Cependant, grâce aux propriétés crayeuses du terrain, toute cette eau est bientôt bue ; les rues redeviennent sèches et propres, et, au bout d'une heure, il n'y a plus trace de l'averse.

Les jours de marché, quelques denrées souffrent certainement de ces arrosements intempestifs, mais d'autres aussi s'en trouvent très bien ; les fleurs, les fruits et les légumes, par exemple, n'en paraissent que plus frais.

Dès que la giboulée est finie, les acheteurs et les vendeurs peuvent retourner à leurs affaires, et les promeneurs à leur plaisir.

PERSONNAGES CÉLÈBRES.

Saumur a vu naître beaucoup d'illustrations dans tous les genres ; les savants florissaient à son Université ; aussi un vieil auteur a-t-il pu dire : « Saumur est la terre d'honneur, de science et de sagesse. »

Bodin, écrivain politique, ami de Thiers, Saumurois de naissance et de cœur, a laissé une histoire très intéressante de ce beau pays.

Anne Lefèvre, fille de Tanneguy-Lefèvre, humaniste distingué, devenue plus tard la célèbre Madame Dacier, naquit à Saumur en mars 1654. Elle n'avait que dix-huit ans lorsque la reine Christine de Suède lui écrivait ces lignes : « Vous, qu'on assure être une belle et agréable jeune fille, n'êtes-vous pas effrayée d'être aussi savante ? En vérité, c'est trop, et par quel charme secret avez-vous su accorder les Muses avec les Grâces ?

« Voilà notre sexe vaincu ! » s'écriait un écrivain de l'époque, en considérant toutes les traductions de cette remarquable helléniste ; aussi appela-t-on son mariage avec M. Dacier, qui était également fort instruit, l'alliance du grec et du latin. Sans doute, Madame Dacier fut une savante, mais elle ne fut pas une pédante. Peut-être s'anima-t-elle un peu trop dans ses discussions scientifiques avec Lamotte et Hardouin, qui avaient irrévérencieusement parlé de son idole, Homère ; mais jamais la vanité n'étouffa les excellentes qualités de son cœur. Elle

resta bonne, simple, charitable, fuyant le monde et ado-
rant la vie de famille. Un jour qu'on la priait d'enrichir
de son autographe les pages d'une sorte d'album, elle
écrivait en grec cette sentence : « Le silence est le plus
bel ornement des femmes. »

Madame Dacier mourut d'une attaque d'apoplexie le
17 août 1720, à Paris, qu'elle habitait depuis de longues
années, et fut enterrée à Saint-Germain-l'Auxerrois.

Voici comment le duc de Saint-Simon en parle dans
ses *Mémoires :*

« La mort de Madame Dacier, dit-il, fut regrettée des
» savants et des honnêtes gens ; elle était fille d'un
» homme qui était l'un et l'autre et qui l'avait instruite.
» Elle se maria à Dacier, savant en grec et en latin,
» auteur et traducteur. Sa femme passait pour en savoir
» plus que lui en ces deux langues, en antiquité, en cri-
» tique, et a laissé quantité d'ouvrages fort estimés. Elle
» n'était savante que dans son cabinet et avec des savants,
» partout ailleurs simple, unie, avec de l'esprit, et très
» agréable dans la conversation. En outre, entendue au
» ménage et bonne mère de famille, on ne se serait jamais
» douté qu'elle en sût bien davantage que les femmes les
» plus ordinaires. »

J'ai tenu à citer ces paroles fort concluantes de Saint-
Simon, qu'on ne saurait cependant taxer de trop d'indulgence dans ses écrits, pour prouver une fois de plus que
les reproches d'orgueil, d'indifférence aux soins domestiques et aux affections maternelles, d'insensibilité d'âme
enfin, qu'on adresse généralement aux femmes instruites,
qu'on voudrait rendre ridicules, ne sont pas toujours fon-
dés. Les demi-savants peuvent être quelquefois préten-
tieux ; la vraie science, comme le mérite réel, est toujours modeste.

En parcourant Saumur, on lit au numéro 16 de la rue Dacier cette simple inscription :

Madame Dacier,
née Anne Lefèvre, naquit en cette maison
en l'année 1654.

Dans cette même rue se trouve aussi un vieux manoir appelé Maison du Roi, et qui abrita Henri IV en 1589 et 1595 ; Louis XIII en 1614 et en 1628 ; la reine Marie de Médicis en 1614 et en 1621 ; Anne d'Autriche, deux fois également, en 1628, et, plus tard, en 1652, cette fois avec son fils Louis XIV et Mazarin.

Aristide Dupetit-Thouars, le héros d'Aboukir, est aussi né près de Saumur, dans un charmant château du XVIᵉ siècle, *le château de Boumois.*

Quelle admirable page que la mort de ce brave ! On a dit : « L'honneur de la vie, c'est le mépris de la mort. » Mais aujourd'hui qu'il y a un si grand abaissement dans les caractères, qu'on tient tant à vivre, et à bien vivre surtout, que l'or achète trop de consciences et remplace toutes les vertus, il est bon de rappeler quelquefois ces saines traditions de courage et d'honneur. Elles brilleront toujours parmi les plus pures gloires de la France, tandis que celles que laisseront la plupart de nos personnalités, si encensées à présent, iront s'ensevelir dans les égouts de l'histoire, quand le temps vengeur en aura fait bonne justice.

Voici ce que je viens de relire au sujet de cet intrépide marin : « Qui pourrait raconter en termes dignes du héros français d'Aboukir, de Dupetit-Thouars, la gloire dont il se couvrit, le 1ᵉʳ août 1798, à bord du vaisseau *le Tonnant.* Un boulet de canon lui emporte le bras droit.

Camarades! au feu! s'écrie-t-il; et sur le pont et dans les batteries on entend retentir ce cri : Au feu! au feu! Un second boulet lui emporte le bras gauche. Camarades! au feu! reprend Dupetit-Thouars, et ces cris sont encore répétés par l'équipage, au milieu de la grêle de boulets qui part des vaisseaux ennemis et à laquelle on répond par des bordées incessantes. Un troisième boulet vient enlever une jambe de Dupetit-Thouars; mais le héros, se survivant à lui-même, se fait porter dans un baquet plein de son, et peut encore donner quelques ordres. L'un des officiers est pour qu'on cloue son pavillon sur le mât; mais Dupetit-Thouars, sentant sa vie s'échapper avec son sang, signifie ses dernières volontés à son équipage : Braves marins, équipage du *Tonnant,* jurez de ne pas amener mon pavillon, jurez de couler bas plutôt que de vous rendre! Si vous êtes pris à l'abordage, promettez-moi de jeter mon corps à la mer, pour qu'il ne soit pas un trophée des Anglais! Et son regard sublime, qui commandait à la mort, sa lèvre, qui retenait la vie comme pour exprimer une dernière pensée, semblèrent un moment encore donner des ordres. On crut entendre dans un dernier soupir : Vive la France! et le héros s'affaissa dans son sang. La patrie comptait un marin illustre de plus, car tant de courage a le droit de prendre place auprès du génie. »

LES ÉGLISES.

Aujourd'hui , chère amie , nous allons visiter les églises.

Commençons par Saint-Pierre , qu'on nomme aussi la cathédrale , et qui, depuis 1802, est la plus importante des églises de Saumur. Bodin fait remonter au XIIe siècle cet édifice fort intéressant pour les archéologues, et dont la façade actuelle est un mélange des ordres dorique et ionique, superposés l'un sur l'autre. Pour moi, profane dans l'art de bâtir, j'ai moins remarqué ses curiosités architecturales que ses beaux vitraux et ses peintures , copiées d'après les plus grands maîtres, Raphaël, Rubens, Murillo. Le chœur est entouré de stalles de la fin du XVe siècle, admirables au point de vue de l'art et du goût. La sacristie renferme de magnifiques tapisseries, dont les principales représentent la vie de saint Pierre et celle de saint Florent. La tour du clocher est surmontée d'une flèche en bois, recouverte d'ardoises, d'une hauteur de 69 mètres, à partir du sol.

L'église Saint-Nicolas, qu'on peut faire également remonter au XIIe siècle, fort remaniée depuis, est d'un aspect trop lourd ; cependant, elle est couronnée d'un beau clocher moderne, qui date seulement de 1864.

On voit tout près de Saint-Nicolas un débris de l'ancien cimetière, une curieuse pyramide funéraire, lanterne des morts, autrefois avec lanternon et fanal , mais malheureusement enclavée et perdue au milieu de maisons particulières.

La chapelle Saint-Jean, restaurée et rendue au culte depuis quelques années, est un charmant bijou de l'art angevin.

L'église de la Visitation, n'ayant rien de remarquable, ne retient guère le visiteur. Au siècle dernier, elle faisait partie de la Communauté des Visitandines, où une demoiselle de Melun fit jadis son noviciat. Cette jeune religieuse était une descendante du fameux Guillaume de Melun, dit *le Charpentier*. Ce guerrier fut, à la première Croisade, l'un des principaux chevaliers français qui aidèrent Godefroi de Bouillon à conquérir la Terre-Sainte. On lui avait donné le surnom de *Charpentier*, parce que rien ne résistait aux coups de sa terrible hache d'arme. Du reste, l'histoire est là pour rappeler l'antiquité de cette maison de Melun, alliée à la race royale des Capétiens, et qui a fourni à travers les âges un grand nombre de personnages distingués.

Nous allons faire une plus longue pose à Notre-Dame de Nantilly, qui mérite de fixer l'attention.

Cet édifice, monument historique, jadis église majeure, et jusqu'à la Révolution paroisse unique, est fort ancien et doit dater du V⁰ ou du VIᵉ siècle. Les grandes vieilles tapisseries, fort bien conservées, qui drapent et habillent ses murs froids et sévères, lui donnent beaucoup de cachet. On m'a dit que la sacristie, outre un portrait de l'abbesse de Fontevrault, Jeanne-Baptiste de Bourbon, renfermait encore d'autres belles tapisseries des XVᵉ et XVIᵉ siècles, mais je ne les ai pas vues.

On conserve religieusement à Notre-Dame de Nantilly la crosse de cuivre émaillée et damasquinée en or de

Gilles, archevêque de Tyr, l'ami et l'un des conseillers de
saint Louis ; ce pieux monarque, au dire du sire de
Joinville, aimait beaucoup la petite ville de Saumur et y
tint souvent cour plénière. C'est sans doute pendant l'un
de ces voyages que l'archevêque de Tyr mourut et qu'on
l'inhuma à Nantilly; cette précieuse crosse fut retrouvée
dans son tombeau en 1614.

J'ai aussi remarqué, adapté à un pilier, un beau bas-
relief du XVIe siècle, représentant saint Jean prêchant
dans le désert, et, sur un autre pilier, l'épitaphe de la
nourrice de Marie de France et de René d'Anjou, Thié-
phaine de la Magine, morte le 13 mars 1458.

Le monument élevé par le bon roi René à sa nourrice,
et où elle était représentée tenant ses deux enfants dans
les bras, a disparu. Il ne reste plus que l'inscription en
vers français, aussi peu poétiques que lisibles.

Un peu plus loin, on déchiffre encore quelques caractères au-dessus d'une petite chapelle ménagée dans
l'épaisseur du mur :

Cy est l'oratoire du Roy Louis XI.

C'est là, en effet, que le superstitieux Louis XI, qui
avait une grande dévotion à Notre-Dame de Nantilly, à
cause des miracles qui s'y opéraient alors, vint *souventes*
fois la prier.

Enfin, au moment de sortir de l'église, j'ai cru entrevoir, accolé au dernier pilier du bas de la nef, un puits,
avec sa margelle, sa poulie et sa corde. Est-ce une eau
miraculeuse ? Personne n'a pu me renseigner à cet égard,
et cependant je ne puis croire que l'eau de source soit
assez rare pour qu'on laisse subsister un puits banal
dans le saint lieu.

Saumur possède un temple protestant d'ordre dorique grec, en souvenir, sans doute, du Calvinisme, qui, jadis, comme nous l'avons vu, y avait établi son quartier général. A cette époque, le pays était divisé en deux camps, et l'antagonisme, comme il arrive souvent, enfantant les extrêmes, le Jansénisme vint à son tour brocher sur le tout ; aussi, jamais, ni Montaigus et Capulets, ni Guelfes et Gibelins ne se détestèrent d'un plus grand cœur.

Aujourd'hui, les choses sont heureusement changées, et le Catholicisme étend paternellement son règne sur la ville, tout en laissant liberté pleine et entière au culte réformé.

PÉLERINAGE A NOTRE-DAME-DES-HARDILLIERS.

Terminons nos stations aux églises par le pèlerinage à
Notre-Dame-des-Hardilliers, qui fut au XVII⁰ siècle non-
seulement le plus grand pèlerinage de la contrée, mais
aussi l'un des plus célèbres et des plus fréquentés de
France. A la fin du X⁰ siècle, Absalon, moine du Mont-
Glonne, situé sur la rive gauche de la Loire, étant par-
venu, de longues années après la dispersion de son
monastère, pillé par les Normands, à reconquérir, à force
d'adresse et de patience, le corps du fondateur de son
ordre, saint Florent, retenu injustement en Bourgogne
par le seigneur de Tournus (cette légende serait trop
longue à vous conter), Absalon revint aux environs de
Saumur et déposa ses précieuses reliques dans une
grotte profonde, qui lui servit d'asile.

Quelques années plus tard, *Thibault-le-Tricheur*, con-
vaincu de la vérité, voulut rendre hommage à saint Florent, mort jadis en odeur de sainteté au Mont-Glonne,
dans la cent vingt-cinquième année de son âge, et ramené
presque miraculeusement depuis peu de temps au pays.
Il se décida donc, comme je vous l'ai dit plus haut, à
bâtir une église et à fonder cette abbaye de Saint-Florent,
qui garda pendant des siècles Saumur sous sa protection, et devint dans la suite si riche et si puissante que
les souverains durent compter avec elle.

Mais revenons à Absalon. L'histoire assure que, vivant

en solitaire au fond de sa grotte, il occupait ses loisirs, entre la prière et la méditation, à tailler en l'honneur de la Vierge Marie et de son divin Fils un groupe qu'il voulut laisser en ce lieu pour le leur consacrer. Avec le temps, cette grotte, pratiquée dans le roc, s'écroula et ensevelit sous ses décombres le travail du pieux ermite.

Vers le milieu du XVe siècle, un homme du faubourg de Fenet, défrichant cet endroit, trouva près d'une fontaine, déjà regardée comme miraculeuse, un groupe en pierre représentant la Sainte Vierge, assise, tenant sur ses genoux le corps inanimé de Jésus-Christ. A trois reprises différentes, la statue fut emportée par cet homme, et à trois reprises aussi elle revint miraculeusement dans le même endroit, la Sainte Vierge marquant ainsi qu'elle voulait être honorée dans ce lieu.

On construisit alors un simple arceau en pierre et on y plaça le groupe que l'on vénère encore aujourd'hui.

Bientôt les populations accoururent en foule à Notre-Dame-des-Hardilliers, et, avec les offrandes des fidèles, on jeta, le 1er août 1534, les fondations d'une église dont la dédicace n'eut lieu que dix-neuf ans plus tard, le 15 juillet 1553, par Mgr Gabriel Bouvery, évêque d'Angers, et sous le vocable de *Notre-Dame-de-Pitié*. Mais le peuple, qui n'admet pas qu'on change les noms qu'il aime et respecte, maintint à la nouvelle église le nom de la primitive petite chapelle, qui était aussi celui de la fontaine miraculeuse dont les eaux roulent au pied d'un coteau couvert d'*argile*, vulgairement *ardille*, d'où le nom des Hardilliers.

En 1554, le duc de Vendôme y vint en pèlerinage et fit bâtir la belle sacristie qui fait suite au maître-autel ; le cardinal de Richelieu s'y rendit également plusieurs fois, à la suite d'une maladie qui devait être mortelle, et dont il fut guéri par l'entremise de Notre-Dame-des-Hardilliers.

En 1634, il fit ajouter au nord de la chapelle un bas-côté au milieu duquel il fit creuser un caveau qui servit l'année suivante à la sépulture de sa sœur, la maréchale de Brézé. Deux siècles plus tard, en 1840, cette chapelle s'étant écroulée, fut entièrement reconstruite en 1849. Elle renferme le groupe miraculeux de *la Pieta*.

En 1642, Abel Servien, comte de La Roche-des-Aubiers, marquis de Sablé et conseiller du roi, dota Notre-Dame d'une seconde chapelle du côté sud, en tout semblable à celle de l'éminent cardinal, ayant aussi un caveau où fut inhumée sa femme, Augustine Le Roux de La Roche-des-Aubiers.

En 1655, il jeta les fondements du magnifique dôme, de 22 mètres de diamètre, que nous admirons aujourd'hui. — La mort ne lui donna pas le temps d'achever son œuvre ; elle ne fut terminée qu'en 1695, par Mme de Montespan.

C'est ainsi que ce modeste sanctuaire devint, avec le temps, une grande et superbe église, bâtie en rotonde et tout entourée de chapelles. L'une d'elles, convertie en une grotte qui rappelle en miniature la sainte Baume, contient une belle *Madeleine*, souvenir reconnaissant de *Pradier*, m'a-t-on dit.

La pieuse reine Marie-Thérèse d'Autriche, pour accomplir le vœu qu'elle avait fait pendant une grave maladie, éleva l'élégant rétable du maître-autel.

Parmi les consécrations faites par les rois et les princes, et conservées aux archives de Notre-Dame, nous citerons celles de Louis XIII et de la reine Anne d'Autriche, de la reine Louise de Lorraine, douairière de France et de Pologne, de la reine-mère Marie de Médicis.

La reine d'Angleterre, Henriette de France, fille de
Henri IV, fit à Notre-Dame-des-Hardilliers sa première
communion. Le prince de Condé, Henri de Bourbon, père
du grand Condé, écrivit et signa de sa main un acte de
consécration à la Vierge des Hardilliers. La douairière de
Brézé se voua à ce sanctuaire avec son fils Urbain de
Maillé, qui devait plus tard devenir maréchal de France,
gouverneur d'Anjou, vice-roi de Catalogne, et épouser
la sœur de Richelieu.

Les villes aussi eurent recours par des vœux à la protection de Notre-Dame-des-Hardilliers. On cite Saumur
d'abord, puis Saint-Aignan, Celles en Berry, Riom,
Bourges, et enfin Poitiers et Montmorillon, qui s'enga-
gèrent à envoyer une députation tous les ans à perpétuité.

Ce pèlerinage a pris le nom de *Notre-Dame-d'Août,*
parce qu'il se fait chaque année le jour de l'Assomption.

L'affluence des pèlerins rappelle alors nos pardons de
Sainte-Anne-d'Auray et présente, comme nos pieuses
fêtes bretonnes, un spectacle tout à la fois touchant et
pittoresque, car, à côté du sentiment religieux que
révèlent la piété et le recueillement de chacun, se
retrouve aussi le côté poétique des choses.

De toutes les contrées environnantes, et même de plus
loin, arrive à cheval, en carrioles, en longues barques,
une foule de paysans et de paysannes dans leurs plus
beaux atours, dans leur grand costume, très varié, surtout chez les femmes, par la diversité de leurs coiffures,
et toute cette multitude bigarrée, un cierge en main,
s'organise processionnellement pour rendre hommage à
Notre-Dame-des-Hardilliers.

On aura beau dire et beau faire, toutes ces grandes
fêtes religieuses, processions du Saint-Sacrement ou

2

pèlerinages, qui amènent de tous les horizons des fidèles
aux mêmes sanctuaires, qui unissent dans une même
foi les esprits et les cœurs, ces fêtes-là seront toujours
les seules et vraies fêtes nationales ; on pourra inventer
de nouveaux 14 Juillet et choisir d'aussi malencontreuses
dates pour amuser le peuple à force d'argent, on réussira
une fois, plusieurs fois peut-être, mais ces fêtes, quelque peu païennes, ne se perpétueront point, parce que
l'âme de la patrie, la grande âme de la France catholique ne se retrouvera jamais là tout entière.

L'humble sœur qui nous servait de guide appartient
à la congrégation des Filles de Sainte-Anne, fondée par
Jeanne de La Noüe, une simple marchande, pauvre elle-
même, qui, pendant les dernières années du XVIIᵉ siècle,
fonda dans sa propre maison, avec les seules ressources
de la charité, un hôpital où elle recueillait *tous les mal-*
heureux.

Actuellement, ces bonnes Religieuses de Sainte-Anne
ont remplacé les Oratoriens, savants d'un grand mérite,
qui possédèrent la communauté de Notre-Dame-des-Hardilliers depuis 1614 jusqu'à la Révolution.

LES GROTTES DE LA LOIRE.

Après avoir attaché quelques médailles à nos chapelets et allumé un cierge à la madone, nous avons suivi notre pieux cicérone dans les jolis jardins du couvent, où l'on se promène un peu à la manière des chèvres, en grimpant toujours; mais, au fur et à mesure que l'on monte, on est bien dédommagé de sa peine par le beau panorama qui se déroule sous les yeux.

Tout en gravissant ces sentiers escarpés et touffus, qui se déploient comme un long ruban sur le flanc de la montagne des Hardilliers, nous avons examiné avec beaucoup d'intérêt l'ancien hôpital de la Providence, fondé par M\u1d50\u1d49 de Montespan, et qui se composait d'immenses grottes, taillées dans les entrailles mêmes du mont; il y avait des dortoirs de cent lits, des salles de travail aussi vastes et des réfectoires proportionnés.

En 1796, les Religieuses de Sainte-Anne, soixante ans après la mort de leur fondatrice, quittèrent sa maison, qu'on voit encore flanquée de deux tourelles, mais qui n'était plus assez grande, et, sur la demande de la municipalité de Saumur, vinrent s'établir dans les bâtiments si curieux dont je viens de vous parler, et où elles recevaient tous les déshérités de ce monde, non-seulement les malades, mais les infirmes, les fous, les épileptiques. Elles prenaient l'enfant qui vient de naître, et qu'il faut soigner nuit et jour, aussi bien que le vieillard qu'il faudra bientôt aider à mourir ; leur protection s'étendait sur l'homme à tous les âges de sa vie, depuis le berceau jusqu'à la tombe.

Cependant, en 1866, les malheureux habitants de ces demeures souterraines ont été dirigés sur des établissements spéciaux, ou placés dans les nouveaux bâtiments, plus aérés et mieux aménagés, de l'hôpital général, rebâti sur l'emplacement de l'ancien Hôtel-Dieu, non loin de l'église de Nantilly.

Les Filles de Sainte-Anne ont continué de remplir leur sainte mission dans ce nouvel hôpital ; mais, s'étant aussi rendues acquéreurs de la communauté de Notre-Dame-des-Hardilliers, elles y ont installé une maison de grandes pensionnaires, où les Dames peuvent trouver bon air, bonne nourriture, et tous les soins que nécessitent leur âge ou leur santé. Quant aux grottes, elles sont entièrement abandonnées, et, cependant, n'ayant ni humidité, ni fraîcheur, elles seraient encore aujourd'hui tout aussi saines à habiter qu'autrefois.

Pour obtenir ces profondes cavités, on creuse devant soi, et l'on avance vite, sans la préoccupation de rien soutenir, sans la crainte d'aucune difficulté dans ce tuffeau léger, cette pierre molle qui se perce si aisément, car il n'y a pas un poteau, pas une maçonnerie dans ces constructions (c'est plutôt créations qu'il faudrait dire), d'un genre à part ; l'air et le jour pénètrent par l'immense baie d'ouverture, entièrement vitrée ; les plafonds s'arrondissent en voûte, et les parois sortent droites et unies du *roc,* c'est le mot qu'on emploie ici, mais j'avoue que, pour moi, Bretonne, habituée au vrai granit, ce nom de roc, donné à une matière aussi faible que le tuffeau, me paraît un peu ambitieux. Certaines de ces grottes,

tout à fait au pied de la montagne, et que les eaux ont
pénétrées goutte à goutte et de tous les côtés, sont
revêtues de stalactites assez remarquables ; j'ajouterai
même que cette petite chaîne de montagnes, qui s'étend
pendant trois lieues de pays, de Saumur à Monsoreau,
est toute percée d'habitations, dont les plus élégantes,
comme les plus modestes, n'ont pour unique couverture
que la croûte terrestre, où s'épanouissent champs et
vignes, bois et prairies ; ces demeures toutes particulières forment ce qu'on appelle les grottes de la Loire, et
sont une des curiosités de la France.

Du reste, à toutes les époques, depuis les *temps* pré-
historiques jusqu'à nos jours, l'homme s'est creusé des
abris de ce genre.

Dernièrement, en 1872, le hasard a fait découvrir par
M. le baron de Baye de nombreuses grottes factices, sur
le territoire de Villevenard (Marne). On fit des recherches,
et d'autres groupes furent bientôt retrouvés dans les
mêmes parages, toujours à mi-côte d'une colline, en face
des vastes marais de Saint-Gond, qui devaient former
alors un immense lac.

Le principal groupe, près de Villevenard, comprend
cinquante grottes, creusées dans la craie. « C'était, dit
M. de Baye, un centre perfectionné, où l'homme des
tribus néolitiques avait réuni tout ce que comportaient
les besoins de son existence. Quelques mots suffiront
pour décrire ce village primitif, fort intéressant, puisqu'il est un type certain de centres d'habitations de nos
ancêtres.

Une tranchée précède toutes les grottes, pour en
rendre l'accès plus facile ; les unes sont doubles, les
autres simples, c'est-à-dire que les premières sont pré-

cédées d'un vestibule; l'entrée est presque carrée, mais l'ouverture de la grotte est tellement resserrée, dans un but évident de défense, qu'on ne peut y pénétrer qu'en rampant. Les parois ont conservé leur aspect primitif, et l'on peut encore, sur quelques-unes, compter le nombre de coups de hache qu'il a fallu pour les tailler dans la craie.

Plusieurs grottes ont des trous d'aération : quelques-unes ont des tablettes entaillées dans la craie, et même de grossières sculptures. Les plus grandes de ces grottes servirent longtemps d'habitation, à en juger par l'usure du sol ; de plus petites étaient réservées comme sépulcres. M. de Baye en a retiré des centaines de squelettes, qui ont puissamment servi dans ces derniers temps aux études des anthropologistes, et qui, soit dit en passant, prouvent que l'homme quaternaire est absolument semblable à l'homme du dix-neuvième siècle, sans fournir aucun argument aux partisans du transformisme à outrance.

Quittons ces premières demeures de l'homme, qui n'étaient à proprement parler que des antres, et revenons à celles si élégantes et si luxueuses des temps modernes. Nous allons visiter l'Hôtel-de-Ville.

HOTEL-DE-VILLE.

L'hôtel-de-ville gothique, avec ses tours, ses poivrières, ses flèches, ses toits pointus, agrandi dernièrement dans le même style, a une petite saveur Moyen-Age fort de mon goût.

Primitivement, il fut bâti par Louis XI, et la Vienne, qui ne rejoint la Loire qu'à Candes, coulait alors à ses pieds. — Ses grandes fenêtres croisillonnées, ses plafonds très historiés et ses hautes cheminées sculptées charment particulièrement le regard. Plusieurs salles ont été converties en musée et bibliothèque.

La bibliothèque renferme un grand nombre de volumes, seize mille, je crois, mais qu'aucune main curieuse n'enlève jamais à leurs rayons ; ils dorment dans la poussière, grignotés quelquefois par la dent incivile des rongeurs, et cela se comprend, car la plupart sont relatifs à la théologie et proviennent des abbayes de Saint-Florent et de Fontevrault. Une bibliothèque populaire a été dernièrement annexée à celle-là, fort heureusement pour les lecteurs.

La grande salle est ornée de belles peintures, dont les principales sont : *Le Passage des Montagnes*, par Tabar ; le portrait de *la Duchesse de Bourgogne*, celui de *Jeanne d'Aragon*, d'après Raphaël ; une *Abbesse de Fontevrault*, dont on ignore le nom ; *le Roi René* peignant son tombeau, par Savouré, et *l'Aveugle* d'André Chenier, par Benouville.

Le musée possède aussi un certain nombre de bustes et quelques statues de plâtre dont les plus belles se trouvent au bas du grand escalier et représentent : Une *Vénus* ; un *Soldat français* ; *Moïse* et *saint Paul*. *Le petit Mendiant breton* et *l'Enfant au Crabe*, de l'artiste nantais Suc, ne sont point non plus à dédaigner.

On voit défiler sous ses yeux une collection d'oiseaux empaillés, des minéraux, un médaillier qui ne brille pas par le nombre et la conservation de ses pièces numismatiques, et enfin une vitrine de chaussures. Mon Dieu ! oui, une réunion de tous les genres de souliers qu'au XVIIIe siècle, les disciples de saint Crépin, très forts dans l'art de la cordonnerie, à Saumur, ont fabriqués et présentés pour gagner maîtrise.

Il y a de hautes bottes et de grands souliers qui auraient chaussé Charlemagne et qui font ressortir la petitesse de charmantes pantoufles, taillées sans doute sur le pied de Cendrillon, et qui feraient honneur à la Chine. — Il y a encore des bottines Louis XV, avec des talons juste sous le milieu du pied, absolument comme les bottines de nos jours, ce qui prouve, une fois de plus, qu'il n'y a rien de neuf sous le soleil, et que *la Mode*, comme *la Fortune*, voyage sur une roue qui recommence constamment son tour... du monde, et par conséquent ramène à un moment donné les mêmes choses. Quand les modes sont sous la roue, qui les cache, il n'en est plus question, mais dès qu'elle les ramène dessus et les montre, elles refont fureur.

Le véritable trésor du musée, c'est la réunion très complète des objets d'antiquité celtiques et gallo-romains trouvés en grand nombre dans les environs, à Saint-

Just-sur-Dive principalement. On y remarque des fossiles, des poteries, des anneaux, des armes, haches et couteaux en pierre ou bronze, des outils de fer, des instruments de ménage, et surtout une *tuba*, c'est-à-dire une trompette des temps antiques, spécimen unique, et, par conséquent, d'une très grande valeur.

On voit encore des casse-têtes, des pointes de flèches en silex, des poignards formés par des défenses de sangliers enfoncées dans des os qui leur servent de manches. La nature de ces armes, dépou.vues de tout métal, témoigne de leur extrême antiquité. Elles doivent être bien antérieures au temps où les Gaulois, conduits par Brennus, vinrent assiéger Rome, non point armés de silex, mais avec des armes de fer et de bronze.

Je me permettrai une petite critique en quittant ce bel hôtel-de-ville, où contenant et contenu vous intéressent également : c'est que le public ne puisse trouver le moindre livret explicatif (c'est ordinairement le travail d'un conservateur jaloux de ses richesses) chez un concierge absolument incapable de vous renseigner sur quoi que ce soit.

Je vous quitte, chère Madame ; il est bien tard, et quoiqu'aucune cloche ne tinte mélancoliquement à Saumur le couvre-feu, comme dans certaines vieilles villes de Bretagne, l'heure du repos est sonnée depuis longtemps, et nous avons besoin de ménager nos forces pour toutes nos futures excursions.

Courtiller, Catalogue du Musée, 1868

COLLÈGE SAINT-LOUIS.
CHATEAU DE LA REINE DE SICILE. — LE JAGUENEAU.

Nous commencerons aujourd'hui nos visites par le collège Saint-Louis, d'une blancheur éblouissante, à jour comme une lanterne, mais qui, cependant, est une fort jolie construction, neuve et régulière. Il a été fondé en 1871, par Mgr Freppel, et les bons prêtres qui le dirigent sont, à la grande satisfaction des familles, à l'abri des méchants décrets du 29 mars.

Mentionnons pour mémoire, et comme doit le faire un touriste consciencieux, la maison de la reine de *Sicile*, que par corruption le peuple appelle la reine *Cécile*; mais lorsque vous viendrez à Saumur, chère comtesse, ne vous donnez pas la peine d'y aller. On se laisse volontiers entraîner à l'idée de visiter l'ancienne habitation d'une reine; l'imagination aidant, on lui bâtit un beau château qui, pour être en France, n'a cependant pas plus de consistance que ceux d'Espagne, et s'évanouit tout de suite devant la réalité. En effet, cette demeure, qui date de la fin du XV° siècle, construite alors en pleine eau, sur pilotis, mais actuellement englobée dans un pâté de sordides maisons, et dont il ne reste guère qu'une sorte de donjon, m'a causé une déception véritable.

Ce donjon est percé de trois fenêtres sculptées : l'une d'elles présente l'écu et les insignes du Croissant, ordre fondé par le roi René en 1448, et résume tout l'intérêt de cette ruine.

Une autre demeure, qui n'est pas plus belle assurément, mais qui évoque les plus beaux souvenirs de la
Monarchie et de la France, de cette époque de prospérité
inouïe où la gloire des armes s'alliait à celle des arts et
des lettres, une demeure qui éveille tout un monde, c'est
la maison appelée *le Jagueneau*, et qui fut habitée par
Mᵐᵉ de Montespan après sa disgrâce, et lorsque Mᵐᵉ de
Maintenon, qui lui devait tout, eut pris petit à petit sa
place « et l'eut nourrie pendant longtemps des plus
cruelles couleuvres, » suivant l'expression de Saint-
Simon.

Oui, l'imagination rêve devant cette modeste maison,
où vint s'ensevelir avec toutes ses splendeurs cette femme
superbe et ambitieuse, qui, pendant quatorze ans, régna
despotiquement sur le cœur de Louis XIV et sur la cour.
On songe à toutes les amertumes que sa pensée lui fit
subir dans cet exil et partout où elle promenait ses inquié-
tudes et ses regrets, soit dans la communauté de Saint-
Joseph, qu'elle avait fait bâtir, soit à son château
d'Oiron, en Poitou, à Bourbon-l'Archambault, à Fontevrault, dans tous ces lieux qu'elle habitait successivement et où elle cherchait à s'étourdir, mais sans pouvoir oublier ; le passé qui bouillonnait en elle était
devenu l'aiguillon de ses jours, l'instrument de terreur et
de torture de toutes les heures de sa vie, jusqu'au moment
où elle ne chercha plus que dans la religion la consolation à tous ses chagrins. La foi dormait au fond de son
âme, mais jamais le doute ou l'impiété n'y avaient
trouvé place, et, jusqu'à sa mort, sa conversion ne se
démentit pas ; au contraire, sa pénitence augmenta toujours, et elle avait fini par donner presque tout ce qu'elle
possédait aux pauvres.

Dans cette maison du Jagueneau, que nous contemplons en ce moment, elle travaillait pour eux plusieurs heures par jour, confectionnant de ses blanches mains, qui n'avaient jamais touché que les étoffes les plus riches et les plus soyeuses, des vêtements de bure grossière ; le linge qu'elle-même portait était d'une toile épaisse et rude, et ses poignets délicats, habitués aux bracelets d'or et de pierres précieuses (on sait que, parmi ses nombreux et magnifiques joyaux, Mme de Montespan, à l'époque de ses triomphes, portait habituellement un collier d'un seul rang de vingt-et-une perles, perles si merveilleuses qu'elles valaient 150,000 livres), ses poignets, dis-je, étaient emprisonnés dans des cercles de fer garnis de pointes qui la blessaient, disait-on, à chaque mouvement. Ne fallait-il pas racheter de longues années d'un bonheur défendu ? et plus l'intelligence était élevée, plus l'âme était haute, plus haute aussi devait être la rançon, et plus humble le repentir !

Quant au luxe de sa table, il avait disparu devant la nourriture la plus frugale ; aussi, lorsque sa pension, qui était de 12,000 écus d'or, fut réduite d'un quart, n'en fut-elle point émue : — Je ne le regrette, répondit-elle simplement, que pour les pauvres.

Saint-Simon donne sur Mme de Montespan des détails fort étendus ; voici les plus intéressants :

« Elle était douée, dit-il, d'une rare beauté, d'une grâce parfaite, et de tant d'esprit qu'elle en prêtait aux autres, mais avec un ton fin et railleur qui la faisait redouter, car rien n'était plus à craindre que les ridicules qu'elle savait donner mieux que personne ; — aussi, les courtisans évitaient-ils de passer sous ses fenêtres, surtout lorsqu'elle était avec le roi, car, pour l'amuser, elle les aurait tous sacrifiés. — Ils disaient que c'était passer par les armes, et ce mot devint proverbe à la cour.

» Elle resta belle comme le jour jusqu'à la fin de sa vie, avec un air de grandeur et de majesté dont elle ne put jamais se défaire. Il était impossible d'avoir plus d'exquise politesse, d'expressions choisies et originales, de justesse naturelle, d'éloquence même, qui lui faisaient un langage particulier, et délicieux à entendre. On aurait dit une reine qui tient sa cour et honore ceux à qui elle parle.

» Malgré toutes ses austérités excessives, elle était tellement tourmentée des affres de la mort, qu'elle payait plusieurs femmes, dont l'emploi unique était de la veiller. Elle couchait tous les rideaux de son lit ouverts, avec beaucoup de bougies allumées dans sa chambre, ses veilleuses autour d'elle, qu'à toutes les fois qu'elle se réveillait, elle voulait trouver causant, joliant ou mangeant, pour se rassurer contre leur sommeil. »

Elle mourut subitement, à soixante-six ans, pendant l'un de ses voyages à Bourbon-l'Archambault, le vendredi 27 mai 1707, à trois heures du matin.

Elle fut amèrement pleurée des pauvres, qu'elle n'avait point oubliés, car, au moment de son départ, quoique bien portante, mais ayant toujours la mort présente à sa pensée, un secret pressentiment l'avait fait doubler ses aumônes, et payer deux ans d'avance de toutes ses pensions charitables.

Elle ne fut malade que quelques heures, à la suite de suffocations violentes, avec la tête fort embarrassée. Profitant d'un moment de tranquillité, elle se confessa et reçut les sacrements avec une ardente piété, puis elle

3

fit entrer tous ses domestiques, jusqu'aux plus humbles, et demanda pardon de la manière la plus édifiante de ses hauteurs, de ses caprices de caractère et du scandale qu'elle avait si longtemps donné.

Les frayeurs de la mort, qui la poursuivaient sans cesse, disparurent soudain ; elle remerciait Dieu de ses miséricordes, et ce fut avec la résignation la plus touchante et la plus complète qu'elle lui fit le sacrifice de sa vie.

Ses obsèques, dernière punition, sans doute, de son orgueil, livrées à la domesticité, furent dérisoires. Tout le monde avait fui. Son cercueil, laissé seul devant la porte de la maison, fut déposé dans l'église paroissiale, comme celui de la plus simple bourgeoise du lieu, puis, enfin, ramené en Poitou, dans le tombeau de sa famille, mais avec une parcimonie bien indigne d'elle.

LE CHATEAU.
LA RETRAITE. — LE JARDIN DES PLANTES.

Nous nous sommes rendus au Château en prenant, comme les écoliers, le chemin le plus long, et en faisant une pose au Jardin des Plantes et à la Communauté de la Retraite.

En nous rendant au Jardin des Plantes, nous avons remarqué deux vieilles tours, l'une enclavée dans la gendarmerie, l'autre dans une cour particulière, derniers vestiges des fortifications de Saumur. Le Jardin des Plantes, qui s'intitule Ecole de Viniculture, et qui renferme, en effet, des centaines d'espèces de vignes (1,800, dit-on), s'échelonnant de tous les côtés et festonnant ses hauts murs, est lui-même un vieux débris d'autrefois. A la fin du siècle dernier, ce Jardin pittoresque, composé d'une série de terrasses en amphithéâtre, couronnées d'un bosquet de verdure, faisait partie de l'enclos des Récollets, qui furent, comme tous les moines d'alors, chassés par la Révolution. — Dieu fasse que ce triste exemple ne trouve pas trop d'imitateurs aujourd'hui !

Un peu plus loin, nous avons visité, dans une charmante situation, au pied du Château, la jolie chapelle et le couvent de la Retraite, pensionnat admirablement tenu, comme tous ceux, du reste, que cette Communauté possède en Anjou et en Bretagne, et où les jeunes filles,

confiées aux soins assidus d'excellentes maîtresses, sont
appelées à recevoir une instruction solide et une éducation distinguée.

En Anjou, outre les différentes maisons de Chollet,
Thouars, Saumur, Angers seul en a deux, l'une au centre de la ville, destinée aux externes ; l'autre, la maison
mère, consacrée aux pensionnaires, fort nombreuses. Ce
bel établissement, placé à l'une des extrémités de la
ville, jouit par cela même d'une position exceptionnelle-
ment bonne. L'air le plus pur circule dans ses vastes
bâtiments et ses immenses jardins. Les études sont très
fortes ; on prépare pour les examens à tous les degrés,
et chaque année de brillants succès viennent récompen-
ser le travail et le savoir des élèves, à l'honneur de ce
remarquable pensionnat.

C'est à regret que nous avons quitté ces aimables et
sympathiques religieuses de la Retraite, qui nous ont
montré si gracieusement leur domaine ; aussi n'est-ce
pas un froid adieu que nous leur avons adressé, mais un
chaleureux au revoir plein de promesses et qui nous
ramènera certainement près d'elles. Puis nous avons
repris notre course à travers les rues raboteuses du vieux
Saumur, bâti en colimaçon, et qui escalade tout doucement la montagne que le Château couronne. Et enfin,
après avoir monté encore, monté toujours, nous sommes
arrivés au terme de notre promenade, à ce beau Château, déjà fort au Xe siècle, et dont l'origine se perd
dans la nuit des temps. Pépin-le-Bref, lors de son passage à Mur, fit bâtir, en même temps que l'église à Saint-
Jean-Baptiste, un *donjon* appelé *Truncus*, entouré de
fortifications, sur la hauteur même où s'élève le Château
actuel. Cependant, les chroniques de la province l'attri-

buent plutôt à Charlemagne, qu'elles mettent au rang des comtes d'Anjou. D'autres écrivains prétendent qu'il ne fut commencé qu'au XIe siècle, par Geoffroy Martel, à qui Foulques Nerra donna Saumur, après en avoir fait la conquête. On dit encore qu'il ne fut réellement édifié que vers le milieu du XIIIe siècle, sous le règne de Louis IX, et achevé deux cents ans plus tard seulement, au XVe siècle, par le roi René.

Quoi qu'il en soit, il a subi, comme toutes les choses de ce monde, les vicissitudes du temps et du destin. Rebâti à plusieurs reprises et fortifié à la Vauban, il présente aujourd'hui un beau modèle des châteaux-forts du XVIIe siècle. Sans doute, ses herses sont immobiles, les ponts-levis ne s'abaissent plus sur ses fossés profonds, mais il a conservé et conservera toujours son air imposant et superbe.

Le souvenir de tous ceux qui l'habitèrent serait trop long à rappeler, puisqu'il a été demeure royale et seigneuriale, prison d'Etat et caserne, qu'il a subi des sièges et connu les horreurs de la guerre, comme les jouissances de la paix.

Henri IV et le bon roi René l'habitèrent. Les vétérans de Fontenoi y furent casernés.

Du Plessy-Mornay, en 1609, après la mort des deux êtres qu'il chérissait le plus au monde, sa femme et son fils, y réunit une collection de portraits ; ce fut son passe-temps, sa consolation, et en même temps un hommage posthume rendu à la mémoire de sa femme, qui aimait beaucoup les beaux tableaux. Dans cette collection, qui ne comptait pas moins de cent quarante toiles, l'homme austère était resté conséquent avec lui-même, et les quatre grandes passions de toute sa vie : la Religion, la

Monarchie, la Famille et l'Amitié, y avaient seules trouvé
place. Plusieurs de ces portraits étaient dus à des artistes
célèbres, et il possédait aussi deux beaux panneaux du
XVᵉ siècle, qui plus tard passèrent entre les mains de
Nicolas Fouquet et furent embellir le merveilleux château
de Vaux. Ces panneaux lui venaient d'un ancêtre de
sa femme, de Estienne Chevalier, trésorier des rois
Charles VII et Louis XI; du reste, à cette époque, on
voyait se refléter dans son hôtel particulier, aujourd'hui
occupé par les Frères de la Doctrine Chrétienne, les
goûts sévères du maître. Le puritain se retrouvait dans
ses appartements fort simples, comme ses vêtements et
ses épées. A l'entrée de sa bibliothèque, il aurait pu tracer l'inscription qui décorait la bibliothèque des Pharaons,
et que l'histoire a conservée : « *Trésors des remèdes de
l'âme.* »

Que sont devenus ses précieux volumes et ses belles
peintures ? Saumur ne les a pas gardés, car je ne sup-
pose pas que l'hôtel-de-ville en possède un seul ! le temps
les a dispersés ou détruits ; cependant, on retrouve
encore quelques tableaux au château de Juigné, dans
la Sarthe.

Duplessy-Mornay, qui resta gouverneur de Saumur de
1589 à 1621, fut lâchement assassiné en 1622, à Angers,
par *Saint-Phal*, de Beaupréau, et mourut quelque temps
après dans son château de *la Forêt-sur-Sèvres*.

Un détachement d'infanterie tient aujourd'hui garnison dans le Château, converti en arsenal et poudrière ;
des milliers d'armes de tous les genres et de toutes les
époques : fusils, carabines, lances, sabres et épées, rem-
plissent ses grandes salles du haut en bas. Puissent ces
armes dormir longtemps, dormir toujours, les nouvelles de

leur premier et les anciennes de leur dernier sommeil !
C'est l'unique pensée qui vient à l'esprit à la vue de tant
d'engins de destruction. Il n'y a pas une minute d'admiration pour leur perfectionnement ; l'implacable guerre
apparaît avec toutes ses horribles conséquences. On
voit la mort au bout de tous ces fusils neufs, et l'on
se demande avec effroi combien ces vieilles baïonnettes,
qui lancent encore des éclairs, ont arraché de vies,
lorsqu'elles étaient maniées par cette infanterie terrible
qui est l'âme des armées, et que Napoléon Ier appelait la
reine des batailles.

On se repose de cette vision sanglante, lorsqu'on est
arrivé sur la plate-forme supérieure du Château, d'où la
vue est merveilleuse, et où l'on pourrait, en regardant à
pic au-dessous de soi, se donner le plaisir de Jean-
Jacques Rousseau, qui aimait tant « à gagner des ver-
tiges tout à son aise, bien protégé par les garde-fous. »

Rien ne peut rendre un panorama aussi vaste : ni la
plume, qui manque d'expressions ; ni le crayon, qui
s'égare devant l'immensité. On embrasse un horizon de
vingt-cinq à trente lieues, dont les dernières lignes se
perdent dans le ciel ; mais, dans un rayon plus rapproché, on aperçoit tous les bourgs environnants, dont
chaque clocher, comme un doigt titanesque, marque
Bagneux, Saint-Florent, Cunault, Gennes, les Rosiers,
Saint-Mathurin, Montsoreau, Candes ; on aperçoit de
coquettes villas et de grands châteaux qui, à cette distance, semblent blottis dans le feuillage, comme des nids
dans un buisson, et l'on suit dans leurs gracieux con-
tours les riches et fertiles vallées arrosées par l'Authion,
le Thouet et la Loire.

La Loire est vraiment admirable ici ; tantôt large

comme un lac, et tantôt resserrée entre ses rives fleuries, elle roule des flots superbes, qui ondulent comme les vagues de l'Océan et décrivent dans leur cours d'aussi capricieuses sinuosités que le Méandre d'Asie. On aperçoit encore la montagne des Hardilliers, qui déploie sa petite chaîne en miniature le long du fleuve, et dont chaque crête est couronnée d'un moulin. On en compte plus de vingt à la file les uns des autres, pendant une lieue et demie, ce qui est d'un effet très pittoresque, soit que le repos immobilise leurs grands bras, soit que le mouvement agite leurs blanches ailes, et enfin, au premier plan, on a sous ses yeux toutes les maisons du vieux Saumur, groupées au pied du Château comme des serviteurs fidèles autour de leur maître.

ÉCOLE DE CAVALERIE.

J'ai gardé pour le bouquet de mes descriptions intra-muros ma visite à l'Ecole de Cavalerie. Cette Ecole, à laquelle Saumur doit son renom, est peut-être la plus belle du monde, car on ne lui connaît qu'une rivale, celle de Vienne, capitale de l'Autriche.

L'Ecole compte à peu près trois cents ans d'existence, depuis l'époque où elle s'appelait *Académie d'équitation civile,* jusqu'au jour où elle est devenue Ecole militaire.

Au temps où les nobles seigneurs se vantaient de ne savoir signer que du pommeau de leur épée, les traditions de la chevalerie avaient mis en si grand honneur les exercices de force et d'adresse, que l'équitation et l'escrime étaient devenues le fondement, et non comme aujourd'hui le complément de l'éducation virile. C'est alors qu'une Académie, dite d'équitation, fut installée à côté de l'Académie scientifique, déjà fondée par Henri IV. Elle prospéra tant que vécut le roi béarnais et son fidèle Duplessix-Mornay ; mais, sous Louis XIII, elle déclina beaucoup, et elle eût fini, sans doute, par tomber tout-à-fait dans l'oubli, si Louis XIV, qui aimait passionnément le cheval, ne lui avait fait reprendre tout son essor. Il y fut amené par Mme Marie-Magdeleine de Roche-chouard, sœur aînée de Mme de Montespan, abbesse de Fontevrault, à laquelle les habitants de Saumur s'adressèrent, au mois d'août 1680, pour solliciter son patronage auprès du Roi.

Ces démarches réussirent pleinement, et l'Académie d'équitation retrouva bientôt ses premiers succès.

Cependant, ce ne fut que beaucoup plus tard, sous Louis XV, que le Gouvernement s'occupa de faire construire des bâtiments.

L'origine de la caserne en France remonte à l'année 1692. Danjeau, dans son journal, rapporte que : « Louis XIV a ordonné au prévôt des marchands de faire bâtir des casernes pour loger les gardes françaises et suisses. Ce sera un grand soulagement pour les habitants de la ville et des faubourgs de Paris. »

En 1716, Louis XV, par une ordonnance royale, enjoignit de construire des casernes dans les principales villes de France, et ces constructions furent disposées d'après des plans dressés par Vauban.

Il y avait fort à faire à Saumur, non-seulement pour construire les maisons, les écuries, mais encore pour créer les manèges, les champs de manœuvre et ces belles levées qui mettent désormais obstacle à la réunion de la Loire et du Thouet, dont l'alliance fut toujours féconde en inondations. En 1674, l'esplanade du Chardonnet, que nous admirons aujourd'hui, n'était qu'un vaste terrain vague, marécageux l'hiver, sablonneux l'été, et qui se couvrait alors d'innombrables chardons; de là le nom de Chardonnet, qui lui est resté.

L'Académie d'équitation, ainsi réorganisée, vécut longtemps.

En 1744, les habitants de Saumur obtinrent de Monseigneur d'Argenson, ministre de la guerre, l'autorisation de former une compagnie de cavalerie bourgeoise; cette compagnie se soutint malgré la guerre de Sept Ans.

En 1763, elle fit accueil aux carabiniers de Monsieur,

comte de Provence, depuis Louis XVIII, et, en 1766,
elle rendit les honneurs au duc de Choiseul, ministre de
la guerre, qui vint visiter ce corps distingué, dont les
principes devaient servir de base à l'instruction de la
cavalerie française.

Cependant, à partir de l'arrivée du Royal-Carabiniers
(c'était le nom que portait ce régiment d'élite, depuis le
13 mai 1758, jour où le roi Louis XV, qui en était *mestre
de camp*, comme son bisaïeul en avait remis le commandement à son petit-fils), l'élément militaire se substitua
petit à petit à l'élément civil.

Dix ans après cette nouvelle organisation, en 1777, un
grand personnage vint encore à Saumur. C'était l'empereur d'Autriche, Joseph II, voyageant sous le pseudo-
nyme de comte de Falkeinstein, mais que cet incognito
ne sauvait pas de la curiosité et de l'empressement des
populations à le voir et à lui rendre hommage ; aussi,
lorsqu'arrivé en ville, il descendit de son carrosse, tout
le monde se précipita si fort à sa rencontre, qu'il faillit
être étouffé. Un détachement de carabiniers vint heureusement à son secours, et fit écarter la foule un peu trop
vivement, peut-être, car l'illustre voyageur qui avait, on
le sait, des prétentions à la philosophie, s'écria : « Doucement, doucement, Messieurs, il ne faut pas tant de
place pour un seul homme. »

Pendant le cours de son voyage en France, Joseph II
eut maintes aventures ; l'une des plus jolies , sans con-
tredit, est celle qui lui arriva entre Langeais et Saumur.

« La Loire avait fait des siennes (elle est incorrigible), et
les chemins défoncés étaient devenus impraticables. En
un lieu assez éloigné de toute habitation , le postillon
s'aperçoit qu'un de ses chevaux est déferré. Que faire ?

A quel saint se vouer ? Marcher sur des cailloux boule-
versés est impossible ; rester, plus impossible encore.
L'empereur lui-même ne savait que dire, quand soudain
apparaît, comme pour le tirer de peine , une belle
paysanne, tenant un gros poupon dans ses bras.

— Ma brave femme, fit le voyageur, en lui offrant un
beau louis d'or tout neuf, voulez-vous aller me chercher
le maréchal-ferrant du hameau voisin, car je suis arrêté
ici, faute de son secours ?

— *Je le voudrais ben*, *mon biau Monsieur*, répond la
villageoise, à qui l'air gracieux de l'inconnu, et plus
encore le scintillement de la piécette vermeille, chatouille
doucement le cœur, mais mon petit garçon est trop
lourd pour me permettre une semblable course. Et en
parlant ainsi, elle montre son doux fardeau.

L'empereur se prit à sourire.

— Donnez-moi l'enfant, dit-il, je le garderai dans ma
voiture pendant votre absence.

La brave femme donne le marmot, que Joseph prend
sur ses genoux et berce doucement, pour l'empêcher de
pleurer.

En peu de temps, la mère, inquiète, revient avec le
maréchal-ferrant, et l'empereur lui remet son nourrisson,
en lui faisant compliment sur sa douceur et sa gentillesse ; mais, ajoute-t-il en souriant, j'avais prévu les
mauvais cas, car je lui montrais des bonbons pour qu'il
conservât sa belle humeur, et vous en retrouverez encore
quelques-uns sur lui, sans doute. Il s'était amusé à glis-
ser une vingtaine de louis dans les langes de l'enfant. Et
ce frais bébé de jadis était encore, il y a vingt-cinq ans,
un beau vieillard , qui racontait orgueilleusement comment il fut bercé sur les genoux d'un empereur, et com-

ment les bonbons de ce prince furent le point de départ
de sa fortune, car il était devenu l'un des riches paysans
du pays, maire de sa commune et marguillier de sa
paroisse. Voyez un peu à quoi tient le bonheur en ce
monde ! »

Cela dit, retournons à l'Ecole.

L'approche des grands événements qui marquèrent la
fin du XVIIIe siècle suspendit l'essor donné par les carabiniers.

Le 1er avril 1788, ils quittaient Saumur pour se rendre
à Lunéville, laissant vide cette belle école-modèle de
cavalerie, qu'ils avaient, sinon fondée, du moins trans-
formée et perfectionnée.

Les dragons de Penthièvre, sous le commandement du
duc de Larochefoucault-Liancourt, furent casernés à
l'Ecole de Saumur.

Notre gracieux fabuliste Florian était capitaine dans ce
régiment, et quelques historiens assurent que c'est au
milieu du cliquetis des armes, à Saumur même, qu'il
écrivit deux de ses plus charmantes pastorales, *Estelle*
et *Galathée*, qui, du reste, fut son premier ouvrage.

Au bout de deux ans, le Royal Roussillon remplaça les
dragons de Penthièvre et y resta jusqu'en 1799.

A partir de cette époque, divers régiments s'y succédèrent, puis, enfin, en 1815, l'Ecole fut réorganisée pour
l'instruction des troupes à cheval.

En 1822, la conspiration du général Berton amena
momentanément son licenciement.

En 1858, une écuyère un peu aventurière faillit
prendre la haute main de cette remarquable Ecole. Se
posant en rivale du comte d'Aure et faisant échec à sa
méthode, elle était venue s'installer à Saumur, après

avoir pris l'engagement formel de dompter tous les chevaux les plus récalcitrants. Elle avait un moyen infail-
lible, un secret mystérieux, qu'elle dévoilerait, contre un
salaire rémunérateur, bien entendu, dès que la réussite
de l'entreprise serait constatée. Au bout d'un an, des ins-
pecteurs vinrent se rendre compte des merveilles opé-
rées par Mme Isabelle (c'était son nom), mais

O surprise inouïe ! ô malheur imprévu !

les chevaux méchants et rétifs l'étaient un peu plus
qu'auparavant. L'écuyère assura qu'on ne lui avait pas
donné assez de temps, que cette épreuve ne pouvait être
décisive, et, très protégée par l'empereur, elle obtint un
sursis de quelques mois. Mais ni la cravache-éperon,
dont elle était l'inventeur, ni la nourriture particulière
qu'elle donnait aux chevaux, ni les amabilités incessantes qu'elle adressait aux écuyers ne changèrent rien
aux choses : les chevaux vicieux l'étaient toujours ! Cette
fois, et fort heureusement pour l'honneur de l'Ecole, elle
disparut tout-à-fait et alla sans doute reprendre au
cirque, qu'elle n'aurait jamais dû quitter, le cours de ses
faciles succès.

En 1870, pendant l'affreuse guerre franco-allemande,
de si douloureuse mémoire, l'Ecole resta fermée et ne fut
réouverte que trois ans plus tard, en 1873, avec de nouveaux perfectionnements.

L'effectif actuel de l'Ecole est d'environ douze cents
personnes et mille chevaux.

La dépense de ce personnel, évaluée sur des bases très
raisonnables, est par an de près de trois millions, qui se
répandent dans la ville et sont l'une des principales
sources de sa prospérité.

L'Ecole des cavaliers-élèves, au nombre de quatre-vingts, vient d'être supprimée, c'est-à-dire que tous les jeunes gens qui, ayant le goût militaire, n'auront pu se faire recevoir à l'Ecole polytechnique ou à Saint-Cyr, n'auront d'autre alternative que de s'engager et d'arriver par les rangs.

Toutes les autres écoles, — sauf le haras, qu'on a retiré à Saumur, il y a quelques années, pour le donner à Angers, — écoles de dressage, de maréchalerie, d'arçonnerie, de fanfares, d'armuriers et de vétérinaires, qu'en 1828, sous le commandement du général Oudinot, on désignait *artistes* vétérinaires, sont conservées.

Parcourons donc maintenant cette Ecole, si admirablement organisée.

Voici d'abord les champs de manœuvres : le Chardonnet, planté en mail depuis 1734, et, un peu plus loin, le Bray, sont les plus vastes.

Cette immense prairie du Bray, qui n'appartient à l'Etat que depuis deux ans, servait pourtant depuis plus d'un siècle à l'Ecole de Cavalerie. C'est là que les carabiniers, commandés par le marquis *de Poyanne,* l'un des restaurateurs de l'équitation en France, exécutèrent en 1777 leurs savantes manœuvres, en présence de l'empereur Joseph II.

Voici ensuite le steeple, installé dans les prairies mêmes de l'Ecole, et la jolie carrière du Carrousel, entourée d'arbres.

Les manèges, au nombre de quatre, sont également superbes. Le plus beau a quatre-vingts mètres de longueur sur vingt de largeur. Ces manèges sont éclairés au gaz pour les manœuvres du matin, en hiver, car autrement la lumière les pénètre en abondance par toutes les grandes fenêtres qui les entourent, et, dans certaines parties, au-dessous des balcons destinés au public, il y a de grandes glaces, des miroirs, où les cavaliers, voire même les chevaux, peuvent s'étudier à la grâce et à l'élégance. Plus heureux que cette grande dame de la cour du Roi-Soleil, qui regrettait tant de ne pouvoir se regarder passer en carrosse, Messieurs les écuyers peuvent tout à leur aise se voir passer et s'admirer à cheval.

Les écuries à leur tour retiennent le visiteur, qui s'y promène comme dans un salon, tant il y a d'ordre et de propreté. Parmi les mille chevaux qu'elles contiennent, il y en a d'admirablement beaux, lauréats de bien des courses, ce qu'atteste l'écriteau qui porte leur nom au-dessus de chaque stalle, et ces nobles animaux, rangés par race et par couleur, si bien soignés, peignés, lustrés, sont d'un grand effet. On y voit représentées les races anglaise, française, tarbe et arabe.

Les chevaux arabes, dont les hennissements ressemblent à de petits cris de joie, et dont les robes, d'abord blanc-argent, remontent la gamme harmonieuse des tons jusqu'au gris rosé, sont charmants, avec leurs jambes fines et nerveuses, leur belle crinière souple, brillante comme une chevelure, et leur longue queue soyeuse, qui balaie l'arène. C'est égal, malgré les soins dont on les entoure, ces jolis chevaux ne doivent pas se trouver heureux ; n'étant point ferrés, ils ne peuvent faire de longues courses en campagne, et, à part quelques heures chaque jour de travail au manège, ils restent constamment à l'écurie. C'est alors que ces fils du désert doivent avoir de vagues aspirations de grand air et de liberté, et se souvenir de leur vie aventureuse à travers l'espace, sous la tente, auprès de ces premiers maîtres dont ils étaient plutôt les amis, les compagnons, que les serviteurs.

On a presque envie de leur parler, de les consoler de leur exil, et volontiers on leur demanderait avec Lamartine :

> . . . . Quelle est donc ton histoire ?
> Coursier né des amours de la foudre et du vent,
> Dont quelques poils de jais tigrent la blanche moire,
> Dont le sabot mordait sur le sable mouvant.
>
> Penses-tu quelquefois à ta jeune maîtresse,
> Qui, pour parer ta bride, houri d'un autre ciel,
> Détachait les rubis ou les fleurs de sa tresse,
> Et dont la main t'offrait de blancs cristaux de miel.
>
> Maudis-tu quelquefois, le front bas vers la terre,
> Cet étranger venu dans ton désert natal,
> Qui parlait sur ta croupe une langue étrangère
> Et qui crut te payer d'un morceau de métal.

Connaissez-vous le proverbe arabe ? Le voici, en rimes un peu moins relevées que les beaux vers de Lamartine :

> *Balsane une, — cheval de lune.*
> *Balsane deux, — cheval de gueux.*
> *Balsane trois, — cheval de rois.*
> *Balsane quatre, — cheval à abattre.*

Ceci est un peu sévère, et je trouve notre proverbe français plus raisonnable :

> *Un pied blanc vaut cent francs.*
> *Deux pieds blancs, deux cents francs.*
> *Trois pieds blancs, trois cents francs.*
> *Quatre pieds blancs, quatre sous.*

Avant de quitter les écuries, nous avons assisté à la distribution de l'eau et de l'avoine, ce qui est très amusant à voir, au moins une fois. Ces grands seaux, qui contiennent « le breuvage de la colombe et du lion, »

excitent les chevaux tout autant que l'avoine, qui suit
de près, du reste ; et, dès qu'ils apparaissent, d'un bout
à l'autre de ces immenses écuries commence un vacarme
épouvantable. Les chevaux secouent leurs chaînes avec
furie, trépignent d'impatience, rugissent, car ce ne sont
plus des hennissements, si bien que, n'ayant point été
prévenue de ce concert assourdissant, je me suis cru, pendant quelques instants, transportée en assemblée géné-
rale de toutes les bêtes féroces de la création.

Nous avons donné ensuite un coup-d'œil à la sellerie,
qui renferme des modèles de tous les genres ; les harna-
chements de parade, rehaussés de velours et d'or, sont très
beaux ; à l'arçonnerie, vaste atelier où se confectionnent
toutes les selles de l'armée française, et à la maréchalerie,
où une collection de fers de toutes les formes et de toutes
les grandeurs, donne à penser qu'il faut peut-être plus
de savoir pour bien chausser le pied du cheval que celui
de l'homme, et nous avons terminé cette intéressante
visite en revenant aux manèges, où des séances de haute-
école nous ont retenus longtemps.

C'est en assistant à ces exercices variés qu'on peut se
rendre compte de tout ce qu'un cavalier habile sait obtenir de son cheval, comment il peut le dompter, l'assou-
plir, le commander en maître, et quand on voit, à son
tour, ce cheval céder, obéir, se soumettre, on répète, avec
le grand naturaliste Buffon, que le cheval est la plus
noble conquête de l'homme. On a dit la grâce plus belle
que la beauté, on peut dire ici l'adresse plus puissante
que la force. Oui, rien d'intéressant comme de suivre le
combat qui se livre entre le cheval, qui a la force, et le
cavalier, qui a l'adresse. Ce coursier superbe, blanc
d'écume, qui se cabre, rue, résiste et essaie par mille

ruses de renverser son cavalier, devient pendant quelques minutes son orgueilleux rival, jusqu'au moment où, las de la lutte et se rendant à la volonté supérieure qui le domine, il reconnaît enfin la souveraineté de l'homme ; aussi, malheur à l'écuyer qui se laisse désarçonner : le cheval a compris sa victoire, et l'homme aura de nouvelles luttes à soutenir pour reprendre ses avantages, — car le cheval se souvient, — c'est l'un des signes distinctifs de son caractère. Bons et méchants procédés se gravent dans sa mémoire, et s'il se montre reconnaissant d'une caresse, on l'a vu aussi se venger cruellement, même après plusieurs mois, des mauvais traitements reçus.

J'ai assisté à différents exercices de haute-école, la voltige sur le cheval en selle et le cheval en surfaix.

Les sauteurs à l'œuvre m'ont vivement intéressée. Le plus remarquable en ce moment est le terrible *Cacao*, qui fait honneur au capitaine qui l'a dressé, car il semble passé maître dans l'art de démonter son cavalier. D'abord il le remue, l'agite, lui fait perdre ses aplombs, puis, réunissant toutes ses forces pour ruer et se cabrer presqu'en même temps, il lui imprime une si violente réaction, que celui-ci, sans bride, sans étriers, ne peut y résister. Mais, au moment où il va mordre la poussière, le capitaine, d'un geste, calme son fougueux sauteur, et cet arrêt subit du cheval à la voix qui le commande est aussi remarquable que ses emportements. Du reste, cet exercice, beaucoup plus fatigant pour le cheval que pour l'homme, ne peut se prolonger longtemps. Au bout d'un quart d'heure, le pauvre animal est ruisselant d'eau, comme s'il sortait d'un bain, et on a hâte de le voir se reposer et reconduire à sa boxe.

Les exercices sont terminés. Nous allons également nous délasser, car voilà trois heures que nous promenons, sans nous en apercevoir, il est vrai, parce que l'intérêt fait oublier la fatigue, mais il est temps aussi de rendre notre aimable guide à sa liberté et à ses occupations. Nous allons donc le quitter, en souhaitant longue vie à cette remarquable Ecole, dont il fait si bien les honneurs, et en répétant ces vers, adressés en 1315, à l'inauguration du Collège de Navarre, fondé par Jeanne de Navarre, femme de Philippe-le-Bel, et qui est aujourd'hui l'Ecole Polytechnique :

> Siste domus donec fluctus formica marinos,
> Ebibat et totum testudo perambulet orbem.

> Reste debout jusqu'à ce que la fourmi ait bu la mer,
> Jusqu'à ce que la tortue ait fait le tour du monde.

CARROUSEL.

Il est déjà grandement question du Carrousel, et j'ai assisté à plusieurs joûtes préparatoires.

Tout cela est fort attrayant et deviendra très solennel, le jour de la grande représentation. Ce jour-là, la troupe fait des figures très variées, quadrilles, serpentines, rosaces, puis, au bruit du canon et du cliquetis des armes, simule les péripéties d'un combat ; la course des bagues, à la lance, celle des têtes, au sabre, ainsi que le saut de la haie large et haute qu'on élève au milieu de la carrière, et que les cavaliers passent et repassent en se croisant dans tous les sens, sont réservés aux officiers.

« Pendant ces brillants exercices, la musique militaire fait entendre ses plus mélodieux accords. Partout, sur la rampe de la levée, sur les nombreux et gigantesques gradins, sur les toits, et jusque sur les cheminées des bâtiments de l'École et de ceux qui l'avoisinent, des yeux fascinés ne cessent un instant de contempler ce magnifique spectacle, qu'on ne voit qu'à Saumur. »

« Les carrousels de nos jours sont une reproduction coquette des tournois d'autrefois, et ils ont l'avantage qu'à des luttes souvent dangereuses d'homme à homme, ils ont substitué des exercices où se manifestent à la fois la vigueur, l'adresse de l'homme et le talent de l'écuyer ; ils captivent l'intérêt du spectateur, sans lui faire redou-

ter d'être témoin d'accidents semblables à celui qui causa
la mort de Henri II. »

La renaissance des carrousels eut lieu en 1828, en
l'honneur de la duchesse de Berry, qui vint visiter l'Ecole
et admirer le nouveau pont des *Sept-Voies*, décoré alors
du nom de pont du duc de Bordeaux ; depuis, il a porté
celui de Napoléon, et aujourd'hui il est revenu à sa première dénomination.

Les hommes sont ainsi faits, qu'il leur semble qu'en
effaçant le nom on oubliera la personne, qu'en arrachant
quelques pages, on détruira l'histoire.

Du reste, l'Ecole a aussi été désignée *royale, nationale,
impériale,* suivant le règne du moment. Elle s'appelle
aujourd'hui *Ecole d'Application de Cavalerie,* et j'espère
que voilà un nom qu'elle pourra conserver indéfiniment,
puisque la politique n'a rien à y revoir.

La pose de la première pierre de ce fameux pont des
Sept-Voies avait eu lieu trois ans plus tôt, en 1825, le
15 juillet, jour de la Saint Henri, et la cérémonie avait
été magnifique ; des drapeaux blancs fleurdelisés, et les
monogrammes du duc de Bordeaux et du roi Charles X,
au milieu de guirlandes de verdure, se voyaient de tous
les côtés.

Monseigneur d'Angers, accompagné du clergé saumurois, donna une bénédiction imposante. La musique de la
garde nationale joua ses plus beaux airs, et les discours
solennels, où les bienfaits de la Religion et de la Monarchie étaient célébrés, se terminèrent aux cris unanimes
de : Vive le roi longtemps et les Bourbons toujours ! Et le
peuple répétait ces vivats avec l'enthousiasme et l'ivresse
qui se retrouvent dans toutes les foules, car c'est le
propre des masses d'être toujours prêtes à subir l'impres-

sion du moment, à suivre le courant bon ou mauvais qui
leur est donné et qui les entraîne presque malgré elles !
Aussi combien sont coupables ceux qui, en les trompant,
les poussent vers l'abîme, et quelle responsabilité pèsera
sur eux dans l'avenir !

A cette époque, le Gouvernement invitait le clergé à
bénir ses monuments, comme les particuliers leurs maisons, mais aujourd'hui « *le progrès* » a laissé bien loin en
arrière ces vieilles coutumes surannées... Ne plus prier
Dieu de bénir un progrès !... La prière, une vieille coutume surannée !... comme si la Religion divine n'em-
brassait pas la vie de l'homme, la vie des *nations*, la vie
des mondes, dans la succession et la durée de tous les
siècles.

On ne fait même plus bénir les drapeaux de l'armée,
qui, cependant, a *toujours* besoin des secours du Ciel
pour être victorieuse.

Le général Ambert l'a bien dit : « La fête du 14 juillet
sera un spectacle, mais non une cérémonie ; le moderne
législateur ne saurait s'élever à ces hauteurs où plane le
génie de la France. Le drapeau ne lui dit rien ; il n'a
point lu le magnifique discours prononcé par Massillon à
la bénédiction des drapeaux du régiment de Catinat. Il
ignore même que la cérémonie chrétienne nommée la
bénédiction des drapeaux est indispensable pour lui
imprimer un caractère *sacré*.

» Le 10 mai 1852, les drapeaux de l'armée française
furent bénits par l'archevêque de Paris, Mgr Sibour. Il en
avait été ainsi depuis les Croisades, et même avant. Sans
cette bénédiction de l'Eglise, qui ressemble à une consécration et lui donne une âme, le drapeau ne serait,
comme le pensait et le disait le démocrate Flourens,
qu'une loque au bout d'un manche à balai. »

Il n'y a qu'un demi-siècle de cette belle fête de Saumur, dont les vieux habitants gardent encore le souvenir, et cependant combien nous sommes éloignés de ces temps-là, bien plus encore par les événements que par les années. Sonder l'abîme qui s'est creusé depuis cinquante ans épouvante. La démocratie révolutionnaire, née des sociétés secrètes et de la Franc-Maçonnerie athée, armée d'une presse perverse, qu'un Gouvernement qui se respecte n'aurait jamais dû tolérer, a fait son œuvre. Aujourd'hui, flétrissant la vertu et honorant le crime, elle a jeté la démoralisation dans toutes les classes et l'anarchie dans toutes les consciences. Elle a voulu matérialiser les âmes, et nous avons malheureusement chaque jour la preuve qu'elle a bien réussi ; « la fortune est la religion du jour, et l'égoïsme l'esprit du siècle. »

« Entre le matérialisme, qui dégrade et avilit toutes les intelligences, et le spiritualisme, qui purifie les cœurs, élève les âmes, fortifie les caractères, poétise les esprits, elle a choisi, et c'est le matérialisme, qui ne fait que des bêtes brutes, qu'elle a préféré au spiritualisme, qui fait des chrétiens, des croyants, des patriotes, des hommes, enfin ! »

Autrefois, on apprenait à ces classes laborieuses, qu'actuellement on induit volontairement en erreur, qu'on pervertit à plaisir, on leur apprenait le Catéchisme et l'Histoire Sainte, c'est-à-dire l'histoire du peuple de Dieu ; mais, aujourd'hui, est-ce que Dieu a un peuple ? et est-ce que le peuple a un Dieu ? Qu'est-ce qui croit maintenant à ces sornettes, passées de mode comme la liberté, que M. Gambetta appelle une guitare ?

Cependant, qu'on ne l'oublie pas, l'Eglise a été la première et restera la plus grande institutrice du monde.

L'éducation religieuse, tout en communiquant une science aussi complète que celle des Universités, enseigne encore l'obéissance, le respect, le dévouement, le sacrifice même, toutes les vertus enfin qui font la grandeur morale de l'homme.

L'instruction laïque veut faire le vide dans le cœur de l'enfant et lui apprendre l'existence sans Dieu ; c'est du même coup lui enseigner la révolte, l'indiscipline, et réveiller tous les instincts grossiers de la nature. L'éducation religieuse apprend à devenir non pas seulement savant, mais aussi meilleur, à combattre ses passions, à bien mourir partout, et avec honneur et intrépidité sur un champ de bataille, par exemple, parce que les pensées qui viennent du Ciel sont bien plus fortifiantes que celles qui viennent de la terre. L'autre apprend à bien vivre, principalement, à mener cette vie à outrance, stimulée par la frénésie du plaisir, et à assouvir toutes ses convoitises, par n'importe quel moyen. La première, qui sait que l'humanité militante ne goûtera jamais le bonheur parfait ici-bas, lui apprend à penser à l'autre vie, à la vie de l'âme, qui ne trouvera son entier développement qu'au Ciel. Elle lui apprend la valeur du sacrifice, qui recevra son prix, comme toutes nos actions, dans la récompense ou le châtiment. L'autre, qui trouve cette morale un peu sévère dans l'avenir, et très gênante pour le présent, assure que l'homme est tout matière, que son intelligence meurt avec son corps, et que, par conséquent, il faut avant tout satisfaire ses penchants et ses plaisirs, puiser aux richesses, aux ambitions, aux voluptés, à toutes les jouissances de ce monde. Théorie insensée ! Non, la mort même n'égalisera rien, et le Bien et le Mal n'iront pas se confondre dans le néant !

4

Voici comment Frédéric II, qui, certes, n'était point entaché de *cléricalisme*, et dont Voltaire fut l'adulateur servile, voici comment Frédéric II rédigeait, en 1763, le règlement général des écoles prussiennes :

« Nous croyons utile et nécessaire de poser les fondements du véritable bien-être de nos peuples, en constituant une éducation raisonnable, en même temps que *chrétienne*, pour donner à la jeunesse, avec la crainte de *Dieu*, les connaissances qui lui sont utiles. Les enfants ne pourront quitter l'école avant d'être instruits des *principes du Christianisme*. Les instituteurs, plus que les autres, doivent être animés d'une solide piété. Avant toute chose, ils doivent posséder la vraie connaissance de *Dieu* et du *Christ*, en sorte que, fondant la rectitude de leur vie sur le Christianisme, ils accomplissent leur mission devant Dieu, en vue du salut, et qu'ainsi, par le dévouement et le bon exemple, rendant heureux leurs élèves en cette vie, ils les préparent encore à la félicité éternelle. »

La dernière guerre nous a clairement démontré, hélas ! à nous, vaincus, que cette éducation avait porté ses fruits.

Il n'y a que le peuple qui a reçu à l'école les germes de la foi religieuse, qui puisse être grand. La philosophie ne suffit pas pour enfanter des héros ; tous ces principes abstraits, cette morale incertaine, ces doctrines nuageuses ne sauraient faire vibrer les âmes. On dirait que le rôle divin de la Providence est fini, et que le positivisme humain l'a remplacé. Mais non ; les principes impies de la déesse Raison, succédant aux dogmes fondamentaux du Christianisme, ne sauraient former de grands citoyens, rarement même des honnêtes gens.

Ils formeront des générations sans honneur, parce qu'elles seront sans croyances. A l'enfant sans croyance succédera l'homme sans moralité et sans courage. « Jeanne d'Arc et Bayard n'avaient point sucé le lait de l'athéisme. » L'histoire, d'ailleurs, est là pour nous apprendre que les peuples qui renient leur foi retournent à la barbarie ou périssent. '

Pardonnez-moi, chère comtesse, cette digression semi-politique et religieuse sur le temps présent, et revenons quelques siècles en arrière, à l'époque brillante de la chevalerie.

Je vous ai dit que l'année 1828 vit la renaissance des carrousels à Saumur. C'est qu'en effet le premier carrousel, ou plutôt tournoi, — le carrousel n'était point encore connu en France à cette époque, — avait eu lieu bien longtemps auparavant dans cette ville, sous les auspices du roi René d'Anjou, le plus chevaleresque et le plus instruit des souverains du Moyen-Age.

Voici la charmante description que M. Paul Ratouis, dans son ouvrage sur l'Ecole de Saumur, donne de cette fête tout-à-fait royale :

« Cette belle plaine du Chardonnet, dont nous admirons encore aujourd'hui l'étendue, était celle-là même que le roi de Naples et de Sicile avait choisie, du haut de son château, pour être le théâtre d'un spectacle inconnu à nos devanciers. René d'Anjou y fit construire, au printemps de l'année 1447, le castel de la Joyeuse Garde, flanqué de tribunes extérieures, où devaient prendre place la reine Isabelle de Lorraine et sa cour, pour assister au tournoi sans pareil qu'il se proposait de donner à la noblesse de France, à la clôture des Etats tenus à Chinon, par Charles VII, en décembre 1446.

» Ce castel était un palais spacieux, formé de planches peintes en dehors et à l'intérieur, d'emblèmes de grand luxe; il fut meublé des plus riches tapisseries de l'époque. Des coussins de soie s'étendaient sur les banquettes des tribunes. Dans la lice, dressée devant ce palais, entrèrent, le 9 avril 1447, les personnages qui devaient prendre part au tournoi. En tête, marchaient deux estaffiers vêtus à l'orientale, conduisant chacun un lion vivant, qu'ils attachèrent, après le défilé d'entrée, au pied d'une colonne de marbre placée dans la lice, et surmontée d'un écu symbolique, qui était de gueule, avec une *touffe de pensées* au milieu.

» Vinrent ensuite, deux à deux, à cheval et richement vêtus, les fifres, les tambours, les trompettes, les rois d'armes, portant les registres d'honneur ; puis les quatre juges du camp, entr'autres, Guillaume de la Jumellière, seigneur de Martigné ; puis le nain du roi de Sicile, monté sur un cheval caparaçonné, et portant à la main le blason d'Anjou.

» A côté de lui et derrière lui, marchaient des pages et des écuyers portant bannières ; ils précédaient noble Demoiselle Jehanne de Laval, montée sur une blanche haquenée, et tenant à la main une écharpe fixée à la rêne de bride du cheval du roi René. Ce prince marchait à sa hauteur, sur son cheval de bataille.

» A leur suite entrèrent les chevaliers qui devaient *jouter* devant la reine ; ils touchèrent de la lance l'écu du roi, placé au milieu de la lice.

» Parmi ces chevaliers figuraient: Poton de Saintrailles, Jean d'Alençon, Charles de Bourbon, le comte d'Evreux, Charles d'Artois, comte d'Eu, le comte de Nevers, tous princes du sang.

» Au nombre des gentilshommes étaient le sire de Montmorency, Antoine de Sancerre, Jacques de Pouzé, Antoine de Prie, Charles de Culant, Philippe de Culant, l'un chambellan du roi, l'autre maréchal de France ; Jean II de Doullant, sire du Lude, Aymar de Clermont, le comte d'Harcourt Tancarville, Antoine de Chabannes, Philippe de Barres, Louis de Beauvau, Jean de Cossé, Tanneguy du Châtel, Philibert de La Jaille, Bertrand de La Tour d'Auvergne, le sire Guy de Laval et Jean de La Haye.

» A leur entrée, ces brillants cavaliers saluèrent la reine Isabelle, entourée des princesses Yolande d'Anjou, Ferry de Vaudemont, puis ils vinrent saluer dans la lice Jehanne de Laval, qui présentait la main à chacun des *tenants de l'Emprise.*

» Cinquante-quatre diamants, trente-six rubis, prix des vainqueurs, furent déposés aux pieds des Dames, et la lutte commença.

» René fut l'un des héros du tournoi, ainsi que le duc d'Alençon, Guy de Laval et Ferry de Lorraine. Ce dernier reçut de la reine, par les mains de Jehanne de Laval, un fermaillet d'or reluisant. Ce tournoi *sans pareil* fut suivi de bals, de jeux donnés dans le castel de la Joyeuse Garde par la reine Isabelle. Ils se prolongèrent jusqu'à la fin de l'été, et fournirent ainsi moult occasions aux Dames et Demoiselles de faire éclater leur gentillesse et beauté. »

A cette époque, où l'on bataillait si souvent, où la guerre était presque devenue l'habitude de la vie, on trompait son repos par le simulacre des combats. Ce jeu si brillant des tournois convenait merveilleusement à l'esprit du roi René, qui fut l'un des plus ardents organisateurs de ces fêtes aux *armes courtoises*, ainsi appelées,

parce que la pointe et le tranchant de toutes les lames
dont on se servait dans ces joutes avaient été préala-
blement émoussées. Il écrivit plusieurs ouvrages sur ce
sujet, entre autres, un remarquable *Traité de la Chevalerie.* Ses *Emprises* sont également célèbres. Non-
seulement il y assista et prit part dans la lice, mais
il inventa encore *l'Ordre, les Passes d'armes* et *la
Cérémonie. L'Emprise du Dragon* eut lieu à Saumur;
le Pas de la Bergière se tint à Tarascon. Ce dernier tournoi fut le sujet d'un poème qui porte son nom. Il eut
pour auteur Louis de Beauvau, brave chevalier qui,
après avoir partagé les mêmes dangers que René, avait
part à ses faveurs. Toujours prêt à la guerre, disposé à
la paix, il était l'un des plus nobles et des plus fidèles
courtisans du roi.

Demain, chère amie, pour nous reposer de nos longues
promenades et de la chaleur accablante de ces jours-ci,
nous ferons, si vous le voulez bien, une petite excursion
dans le domaine du passé, mais à la manière de M. de
Maistre, et sans quitter notre chambre. Nous nous occu-
perons du roi René, figure aussi sympathique en Anjou et
en Provence que le bon roi Henri chez les Béarnais, ou
la bonne duchesse Anne chez les Bretons.

Nous venons de l'entrevoir sous des couleurs déjà fort
brillantes. En vérité, c'est une bien excellente connaissance que la sienne, et, grâce aux souvenirs encore si
vivaces qu'il a laissés dans tout l'Anjou et à Saumur
même, nous pourrons pénétrer un peu plus avant dans
son intimité.

LE ROI RENÉ D'ANJOU.

Né au château d'Angers, en 1409, René hérita des nobles et mâles vertus de son père, Louis II, duc d'Anjou et de Provence et roi titulaire de Naples, et des charmantes qualités de sa mère, Yolande d'Aragon, qui était, au dire des chroniqueurs du temps, la plus belle, la plus aimable et la plus vertueuse princesse *qui fust en la chrestienté.*

René venait d'avoir dix ans lorsqu'il fit ses premières armes, sous les ordres de son oncle, le cardinal de Bar, qui savait au besoin « porter un bassinet pour mître, et pour crosse une hache d'armes. »

A cette époque, les jeunes gentilshommes s'exerçaient dès leur plus tendre enfance à se battre, afin de mériter promptement l'honneur d'être armés chevaliers ; voilà pourquoi René, très développé au physique et au moral, se trouvait en mesure de faire ses preuves et de gagner ses éperons sur un champ de bataille, à l'âge où les autres enfants viennent de quitter les genoux de leur mère. Il était aussi du devoir des seigneurs suzerains du Moyen-Age, qu'ils fussent laïques ou princes de l'Eglise, de se mettre à la tête de leurs troupes pour la défense de leurs Etats. Aussi, le cardinal et duc de Bar avait-il pu, sans trahir son caractère sacré, endosser la cuirasse et se mettre en campagne, accompagné de son neveu et de ses chevaliers, pour chasser des bandes de *Soudoyers* qui, après avoir désolé la Bourgogne, venaient d'entrer dans le Barrois.

René se montra si ferme sur le champ de bataille, et il sut en même temps si bien plaire à son oncle par la douceur de ses paroles et de ses manières, que celui-ci lui assura en héritage son beau duché de Bar.

Pour mettre le comble à ses bienfaits, et ne trouvant pas qu'il en eût encore fait assez, le cardinal lui fit épouser à Nancy, le 14 octobre 1420, Isabelle, fille unique de Charles II, duc de Lorraine. Le marié allait avoir douze ans, et la mariée n'était point encore arrivée à son onzième printemps. Singulier mariage! n'est-ce pas, mais que les mœurs d'alors permettaient, et que de hautes raisons politiques et sociales faisaient souvent contracter. On essayait ainsi d'éviter les convoitises de prétendants voisins, les guerres de succession, et d'assurer en même temps et les héritages et la paix des peuples.

Après cette union, qui attachait une nouvelle province à sa couronne, René reprit ses études et il y fit merveille; mais s'il sut s'occuper avec succès des travaux de l'esprit, il ne négligea pas non plus, on l'a vu, les exercices du corps. Son épée, qui ne se nommait ni *Haute-Claire,* comme l'épée d'Olivier, ni *Durandal*, comme celle de Roland, aurait pu s'appeler vaillante, car elle reçut le véritable baptême du sang au siège d'Orléans, où il se fit remarquer par sa valeur et son courage, aux côtés même de Jeanne d'Arc. Il la suivit dans sa marche triomphale jusqu'à Reims, s'illustrant à la journée de *Patay*, et il assista, dans le chœur de la cathédrale, au sacre de Charles VII.

C'était justice, et on pouvait lui retourner les belles paroles de Jeanne d'Arc aux juges iniques qui, pour lui faire un crime de superstition, lui demandaient pourquoi elle tenait son étendard déployé près de l'autel, au sacre du roi : « Parce qu'ayant été à la peine, répondit-elle fièrement, c'était bien raison qu'il fût à l'honneur. »

L'oncle de René et le père d'Isabelle étant morts à peu près à la même époque (1430), les époux se réunirent enfin et établirent leur cour à Nancy, mais leur bonheur ne fut pas de longue durée.

Le comte Antoine Ferri de Vaudemont, surnommé *l'entrepreneur*, neveu du duc de Lorraine et appuyé par le duc de Bourgogne (il était Bourguignon, tandis que René était Armagnac), revendiqua le duché de Lorraine. La guerre fut déclarée, et, le 2 juillet suivant, les troupes étaient en présence.

Barbazan, un illustre héros de ces temps fameux, qui, un siècle avant Bayard, avait su mériter le titre de *chevalier sans peur et sans reproche*, Barbazan, qui fit tant pour la cause de Charles VII, qu'on l'appela le restaurateur de la Monarchie, et qu'après sa mort on lui fit l'honneur de l'inhumer à Saint-Denis, dans le caveau des rois, Barbazan commandait en chef les soldats de René.

Sachant les troupes bourguignonnes fortes pour la défense, mais trop faibles pour l'attaque, il conseillait la prudence, et n'engageait point René à prendre l'initiative du combat. Mais la jeunesse est téméraire ; René, et surtout les jeunes gentilshommes qui l'entouraient, ne voulaient plus attendre.

— Courons sus aux Bourguignons, dit d'un ton méprisant Robert de Sarrebruche, ils ne soutiendront pas notre premier choc, ce serait bon pour nos pages.

Barbazan hochait la tête, et les vieilles barbes grises du conseil avec lui.

L'indécision était à son comble, quand une voix emportée et qui traduisait l'impatience de tous, s'écria : *Quand*

on a paour des feuilles, ne fault aller au bois ! Le signal
était donné. Un même cri sortit de toutes les poitrines :
A l'ennemi ! à l'ennemi ! Et René , tirant son épée,
s'élança en avant.

L'armée bourguignonne restait immobile.

Tout-à-coup , — et ceci prouve une fois de plus que les
petites causes déterminent souvent de grands effets, —
un cerf, effrayé par ce grand tumulte d'hommes et de chevaux , sort de la forêt voisine et se précipite dans les
rangs lorrains, où il porte pendant quelques instants le
désordre et la confusion. Vaudemont en profita, et, galo-
pant devant le front de ses bataillons : — Voici le
moment, dit-il, d'assaillir ceux auxquels le Ciel annonce
la défaite.

Ce fut un combat terrible et un massacre épouvantable.

Barbazan fut tué au moment où il essayait d'arrêter
une bande de fuyards, en tête desquels se trouvait celui-
là même qui prétendait n'avoir point *paour* des feuilles,
et qui, pour cela sans doute, se sauvait au plus profond
des bois.

René, blessé, son cheval tué sous lui, perdait beaucoup
de sang ; il se vit contraint de se rendre. Le nom du soldat brabançon qui eut l'honneur de recevoir son épée
n'est point resté inconnu. Il était escuyer du sire d'En-
ghien, et se nommait Martin Flourcas. On l'appela depuis
le grand Martin.

Cette effroyable mêlée , où le duc de Bar perdit dix
mille hommes , prit, du lieu où elle se passa, le nom de
bataille de Bulgnéville.

René, vaincu, fut jeté captif dans le château de Dijon.
La tour qu'il habita prit le nom de son titre, et s'appelle
encore aujourd'hui la tour du duc de Bar.

Il y passa six mortelles années; mais le malheur, comme il arrive aux grandes âmes, mûrit son esprit sans aigrir son caractère. Le château des ducs de Bourgogne renfermait une bibliothèque. René obtint la permission d'y aller chaque jour lire et méditer. Puis il rentrait dans son appartement, où l'attendaient les compagnes fidèles de sa captivité, la musique, la poésie et la peinture. Au jour tombant, il chantait sur sa viole de mélancoliques ballades, dont il avait composé la mélodie et les paroles, et c'est probablement à cette époque qu'il s'inspira des airs que plus tard il appropria aux cérémonies de *la Tarasque* et de la Fête-Dieu.

Tout le monde sait la légende de Tarascon, ville fort ancienne, et qui fut très florissante au Moyen-Age, à l'époque où le roi René en faisait l'une de ses principales résidences du Midi, et qu'il habitait son beau château, aujourd'hui prison.

D'après la tradition, cette petite ville, agréablement située sur le Rhône, tire son nom d'un monstre, appelé *Tarasque*, détruit par sainte Marthe.

Voici comment s'exprime, dans toute sa naïveté, *la Légende Dorée*, au sujet de ce merveilleux fait :

« Dans le temps que sainte Marthe aborda en Pro-
» vence, il y avait en ung boys sur le Rosne, entre Arles
» et Avignon, ung dragon demy beste et demy poisson,
» plus gros qu'un bœuf et plus long qu'ung cheval, et
» avait les dents aigues comme une espée et estait cornu
» de chacune part et se tapissait dans l'eaue et tuoit les
» passans et noyoit les nefs.— Et Marthe, à la prière du
» peuple, alla là et le trouva mangeant ung homme en
» sa bouche, et lors guetta dessus lui l'eaue benoyte et
» lui monstra une croix et fut tantost vaincu et si tint

» comme une brebis, et lors sainte Marthe le lia de sa
» sainture et fust tantost tué du peuple à lances et à
» pierres, et ce dragon était appelé de ceulx du pays
» tarasque, et encore en la remembrance de ce est ce lieu
» appelé Tarascon, et avant été appelé *Nazolus*. »

« Maintenant encore, une singulière cérémonie publique rappelle chaque année à Tarascon le souvenir
de ce miracle.

D'après une coutume immémoriale, le jour de la fête de
sainte Marthe, patronne de la ville, on porte à la tête de la
procession et devant la croix un énorme simulacre de la
tarasque, qu'une jeune fille, vêtue de satin bleu et en
voile rose, tient attachée par une ceinture de soie. Celle-
ci a un bénitier et un aspersoir à la main et représente
sainte Marthe triomphant de ce monstre.

Pour rendre la figure plus frappante, le simulacre
ambulant détourne de temps en temps sa masse sur les
groupes qui bordent son passage. Il avance la tête et
ouvre sa large gueule, comme pour les dévorer. La jeune
fille fait alors son aspersion sur lui, et aussitôt le monstre
s'apaise et semble oublier sa férocité naturelle.

Précédant et suivant l'animal, des hommes armés de
vieilles piques ou de masses d'armes, et revêtus d'habits
légers, qui imitent par leur forme singulière les armures
de fer du Moyen-Age, désignent le peuple de Tarascon,
qui mit en pièces la tarasque.

On promène aussi ce monstre par la ville le lundi de la
Pentecôte, et ce n'est pas la scène la moins curieuse des
jeux institués en 1469 par le roi René. »

Mais revenons à l'époque où il était prisonnier et où il
puisait dans les seules ressources de son intelligence ses
meilleures distractions.

« C'est alors que, se rappelant les leçons de Jean de Bruges, ce peintre primitif, contemporain du Perugin et de Léonard de Vinci, il broyait la couleur et prenait le pinceau pour orner ses missels et les vitraux de l'église où il venait, matin et soir, prier Dieu et chercher près de lui les vraies consolations, les seules, même, dans son malheur. »

Il retrempait son âme dans le courage et la résignation, et renaissait à l'espérance, ce doux sentiment qui tient une si grande place dans tous les cœurs.

« Jusqu'à la Révolution de 93, ses armes et son portrait brillèrent sur les rosaces de la Chartreuse de Dijon et sur les fenêtres gothiques de la chapelle ducale. »

Ces œuvres ont été anéanties par les Vandales de cette époque barbare, mais quelques autres nous sont heureusement parvenues. La cathédrale d'Aix renferme son tableau du *Buisson ardent ;* on voit aussi au musée de Cluny une autre de ses toiles, *Marie-Magdeleine prêchant la doctrine chrétienne aux Marseillais ;* des livres d'heures et psautiers, ornés d'admirables miniatures, genre de peinture dans lequel il excellait, existent encore. La bibliothèque nationale de Paris en possède plusieurs. Les bibliothèques d'Angers, d'Aix et de Vienne en on chacune un, et son bréviaire est conservé précieusement à la bibliothèque de l'arsenal.

Ce fut donc dans sa prison, embellie par les arts, que René apprit la mort de son frère aîné et qu'il fut salué roi de Provence et de Sicile.

Isabelle, au nom de son mari, entra en possession de cette double couronne, mais celui-ci ne vit ses fers tomber qu'en 1437. Il vola à Naples pour sauver ce trône, attaqué par Alphonse d'Aragon. Assiégé dans sa capitale,

5

il la défendit avec une rare bravoure; mais, bientôt trahi, il fut trop heureux de pouvoir gagner la Provence, qu'il devait rendre si fortunée. Il peignait dans son château d'Aix un groupe de nature morte, comme on dirait aujourd'hui, quand on lui annonça que sa dernière forteresse d'Italie venait de se rendre. Sans quitter sa palette, il poussa à peine un soupir et continua ses perdrix commencées.

Alors s'établit un règne qui n'a peut-être pas son second dans l'histoire. René appelle les savants autour de lui, protège tous les arts et donne à ceux qui l'entourent, à tous ses sujets, les goûts les plus nobles et les plus purs. Il favorisa la culture du mûrier, et, par suite, l'élève du ver à soie, qui devint une des richesses du pays. C'est lui encore qui facilita l'établissement de la première verrerie connue, à Goult, petit village près d'Apt, et c'est par des lettres de noblesse qu'il récompensa le propagateur de cette belle industrie, qui s'appelait *Ferry*.

Il s'occupait avec délices de ses jardins, et, à ses heures de loisir, bêchait ses plate-bandes et greffait lui-même ses arbres fruitiers. Il disait alors aux princes et aux ambassadeurs qui venaient le visiter qu'il « *aymait moult la vie rurale sur toute ostre, pource que c'était la plus seure façon et manière de vivre et la plus loingtaine de toute terrienne ambition.* »

Son inépuisable charité s'étendait à toutes les souffrances. Parfois il se déguisait pour se rendre plus facilement compte des besoins de son peuple. Il pénétrait ses vœux, ses aspirations, et l'écoutait parler en toute franchise, toujours disposé à réaliser ses désirs et à le rendre heureux.

C'était un bon roi ; mais il y a encore de bons rois, seulement il n'y a plus de bons peuples ! Les temps sont bien changés, et quel est le souverain qui pourrait aujourd'hui s'aventurer seul dans son royaume sans y rencontrer un ou plusieurs assassins ?

Le roi René écrivait toutes ses lettres de grâce, qui lui procuraient un extrême plaisir, et qu'il aimait par-dessus toutes les autres, répétant sans cesse que *la plume des princes ne doit pas être paresseuse.*

Cependant, sa bonté ne rencontra pas toujours la reconnaissance qu'il était en droit d'attendre. On l'a dit : « L'Ingratitude est la fille du Bienfait, » et je n'assurerais pas que sa clémence ne lui ait valu quelques-unes de ces filles-là, mais sans le rebuter jamais.

Quand René perdit sa bien-aimée Isabelle, à Angers, le 28 février 1452, la mort avait déjà apporté bien des deuils à son âme. Six de ses enfants avaient été moissonnés dans leur blonde jeunesse. Dès lors, *Verd meurt* devint sa navrante devise, voulant exprimer par là que les rejetons dont il était la souche étaient condamnés à périr en leur première fleur ; il en fit des armes parlantes, en peignant un tronc d'arbre sans feuillages et sans branches, auquel pendait tristement son écusson.

Les trois enfants qui survécurent à leur mère, si tendrement aimée et regrettée, ne démentirent point la fatale devise. Son fils, le duc de Calabre, auquel René avait abandonné son duché de Lorraine, au décès de la reine, mourut jeune encore en Espagne, et le sort de ses deux filles Yolande et Marguerite ne fut point heureux ; le monde entier devait même retentir des infortunes de Marguerite, devenue reine d'Angleterre par son mariage avec Henri VI.

Après trois ans de veuvage, le roi René consentit à épouser Jeanne de Laval, qui fut aussi bonne pour les autres et aussi parfaite pour lui que l'avait été Isabelle.

Lorsque Louis XI le dépouilla traîtreusement de son beau duché d'Anjou, René, un instant, sentit remonter à son front la colère du vieux guerrier ; puis, se calmant : — « Allons, dit-il, que le vouloir de Dieu soit faict ; il m'a tout donné et me peult tout oster à son plaisir. »

Il se retira alors dans cette belle Provence qu'il ne devait plus quitter, et où il mourut sept ans après, en 1480.

Il avait demandé que son corps fût ramené à Angers, pour reposer auprès de sa chère Isabelle ; mais les Provençaux, qui l'adoraient, — et ce grand amour honore autant le peuple qui l'éprouvait que le roi qui en était l'objet, — déclarèrent que personne ne toucherait à sa dépouille mortelle, qui devait rester au milieu d'eux le sujet d'un culte filial, à ce point que, pendant un an, ils établirent une garde active à la porte de l'église, où ses restes avaient été déposés.

Plus tard, quand la première douleur fut un peu calmée et la surveillance moins sévère, Jeanne de Laval put en secret faire enlever le cercueil de René et le ramener dans l'église Saint-Maurice d'Angers, où il fut placé auprès de celui d'Isabelle.

Heureux les rois dont on aime à rappeler l'histoire, et qui ont su attacher à leurs glorieux titres le plus précieux de tous, celui de *Bon !*

Le nom de René est encore si populaire en Anjou, qu'il est porté dans presque toutes les familles.

En Provence, les siècles n'ont rien effacé non plus ; le

souvenir du bon roi est resté vivace et cher. Se chauffer
à la cheminée du roi René est un proverbe marseillais,
qui veut dire se promener l'après-midi sur le port à
l'heure où le roi, sans escorte, venait en hiver chercher
à cette place même la douce et pénétrante chaleur propre
au soleil du Midi.

Béni des petits, admiré des grands, les poètes le chan-
tèrent à l'envi. On retrouve encore, en l'honneur de son
règne, de naïves pastorales et d'interminables poèmes,
qu'il serait trop long de rappeler. On peut cependant
citer cette strophe, qui, en quatre vers, montre les sentiments qu'il savait inspirer :

> On vit partout aux bords de la Durance
> De grands troupeaux de moutons et de bœufs ;
> Poules, alors, pondaient de plus gros œufs,
> Et l'âge d'or existait en Provence.

M. Henri Nicolle, auquel j'ai emprunté quelques-uns
de ces détails, termine ainsi son intéressante étude sur le
bon roi René :

Le tombeau, dans l'église Saint-Maurice, à Angers,
qui représentait les deux figures couchées d'Isabelle et
de René, n'a point été respecté par la tourmente révolutionnaire ; mais la mémoire d'un tel prince survit à son
image. Sa ville natale et sa ville d'adoption, trois siècles
et demi après sa mort — ce qui prouve combien son souvenir est demeuré sacré — ont réparé cette injure en lui
élevant des statues.

LES COURSES.

Pendant mon séjour à Saumur, j'ai assisté à plusieurs
courses : celles de Verrie, très brillantes, avaient réuni
beaucoup de monde. Elégants cavaliers et belles dames
émaillaient l'hippodrome, celles-ci étalant avec grâce
leurs toilettes multicolores, ceux-là retenant avec peine
leurs impatients coursiers, qui rongeaient leur frein
blanchi d'écume, et appelaient d'un pied vigoureux le
signal du départ.

Les voitures de toutes sortes et les beaux équipages ne
se comptaient plus, et dans ce brouhaha charmant, où se
mêlaient aux grelots carillonnants des chars attelés en
poste, le piaffement des chevaux et la mousquetade des
fouets, c'était à se croire transporté sur les turfs les plus
en vogue des environs de Paris.

Le matin même, il m'avait été donné d'entrevoir dis-
crètement, à travers le vasistas d'un coupé, un steeple
bouffe d'une originalité de costumes extrême, fantai-
siste au plus haut point et organisée en secret par Messieurs les officiers-élèves.

Le lendemain, c'était un *paper hunt* (ralli-papier), qui
nous attirait à son tour. Vous savez que ce genre de
course, qui nous vient des Anglais, est le simulacre
d'une chasse. On trace le chemin fantastique qu'est
censé suivre la bête à travers monts et plaines, bois et
rivières, à l'aide de retailles de papier qu'on sème à pro-

fusion sur tout le parcours, un peu à la manière du Petit Poucet, qui semait ses pas de sable et de cailloux, pour retrouver son chemin. Tous les coureurs, habillés de rouge, sans que cela soit très élégant ni distingué, font cependant beaucoup d'effet.

Le moment du départ ressemble à une vision, et dure l'espace d'un éclair ; ce groupe flamboyant s'aligne, s'élance, et en quelques secondes disparaît bientôt aux regards qui cherchent à l'apercevoir le plus longtemps possible et à s'orienter sur sa piste.

Les intrépides vont alors se poster aux bons endroits, auprès des obstacles sérieux, tout prêts à applaudir.... ou à s'émouvoir, suivant les circonstances.

Le premier qui, après avoir parcouru ce dédale, arrive au but, gagne naturellement la course.

CONFÉRENCE SUR LES COURSES.

J'ai donc beaucoup entendu parler courses et chevaux ; du reste, où s'en occuperait-on, si ce n'est à Saumur ?

Un aimable officier nous a donné, le lendemain de ces belles fêtes, de très intéressants détails sur toutes les courses en général, et, dans un rapide aperçu, nous les a fait suivre depuis leur origine de haute antiquité jusqu'à nos jours.

Voici ce qu'il nous a dit : C'est un noble et brillant spectacle que celui des courses de chevaux ! et il est à la mode d'y aller ; rendons-en grâce à cette reine superbe, puisqu'en notre beau pays de France, l'utile et le beau n'ont de prix qu'autant que le bon genre, la Mode, enfin, en a établi l'usage. On trouve un attrait particulier à tout ce qui se rattache au cheval, surtout lorsqu'on en a fait, comme nous, une étude approfondie. Mais vous-mêmes, Mesdames, n'avez-vous pas toujours un regard de complaisance, quand un brillant coursier :

Sur ses jarrets nerveux se balance avec grâce !

Pardonnez-moi cette première citation ; j'en aurai quelques autres à vous faire, car beaucoup de poètes ont accordé leur lyre en l'honneur de ce noble animal, et peut-être suis-je même bien téméraire de revenir sur un sujet aussi connu et d'oser esquisser des tableaux déjà peints par Virgile.

Les jeux publics et les courses de chevaux ont fait longtemps les délices des peuples anciens. Horace a dit :

Sunt quos curriculo pulverem olympicum collegisse juvat...

Sans imiter l'avocat loquace qui remontait jusqu'au déluge, permettez-moi cependant de revenir aux temps fabuleux. Les jeux isthmiques, parmi les quatre jeux solennels que célébrait la Grèce antique, ainsi nommés de l'isthme de Corinthe, où ils avaient été établis au XIVᵉ siècle avant Jésus-Christ, par Sisyphe, fondateur de cette ville, sont les premiers jeux dont il soit fait mention ; ils se célébraient pour honorer la mémoire de Melicerte, qui, fuyant la fureur de son père Athamas, se précipita dans les flots et fut changé en divinité marine, sous le nom de Palémon. Plus tard, Thésée les consacra à Neptune.

Ils avaient lieu tous les trois, quatre ou cinq ans, et on y disputait le prix de la lutte, de la course, du saut, du disque, du javelot, de la musique et de la poésie ; les vainqueurs recevaient une guirlande de feuilles de pin. Ces jeux furent abolis l'an 130 de Jésus-Christ, sous Adrien.

Les jeux olympiques, qui se donnaient tous les quatre ans à Olympie, en Elide, avaient été institués par Hercule en l'honneur de Jupiter Olympien, et étaient les plus magnifiques de la Grèce. L'histoire nous a conservé la description du temple d'Olympie, consacré à ce dieu. Ce merveilleux monument, d'ordre dorique, avait été décoré d'une quantité innombrable d'œuvres d'art, dont la plus remarquable était une statue de Jupiter, or et ivoire, chef-d'œuvre de Phidias ; c'est là que les vainqueurs étaient couronnés.

Les jeux olympiques, qui avaient lieu au solstice d'été, duraient cinq jours ; il y avait cinq exercices différents : le saut, la lutte, la course, le jet du disque et celui du javelot, dont on distribuait le prix dans *le stade* (carrière de cent vingt-cinq pieds d'étendue où s'exerçaient les coureurs). Dans la suite, on y introduisit les courses de chevaux et de chars, le pugilat, le pancrace, exercice gymnastique qui réunissait la lutte et le pugilat, et des concours de musique et de poésie. Toute inimitié était suspendue pendant ces jeux, et, le dernier jour, les vainqueurs recevaient une couronne d'olivier. Ils rentraient en triomphe dans leurs villes respectives, par une brèche ouverte exprès au travers des murailles pour leur livrer passage, et leur nom restait gravé sur des tables de marbre, dans le gymnase d'Olympie.

Ces jeux furent supprimés l'an 394 de Jésus-Christ, par Théodose. Non-seulement ces fêtes solennelles rassemblaient l'élite de la Grèce, mais les funérailles des grands hommes étaient encore une occasion de faire briller les coursiers et d'exercer la jeunesse. A la mort du général Timoléon, un héraut lut à haute voix le décret suivant :

« Le peuple de Syracuse, en reconnaissance de ce que Timoléon a détruit les tyrans, vaincu les Barbares, rétabli plusieurs villes et donné des lois aux Siciliens, a résolu de consacrer 200 mines (10,000 francs) à ses funérailles, et d'honorer tous les ans sa mémoire par des combats de poésie et de musique, des jeux gymnastiques et des courses de chevaux. »

Les Germains et les Gaulois, que César appelait des peuples *cavaliers par excellence,* ne le cédaient en rien pour tous les exercices équestres, et, grâce à la recette

de l'abbé Trublet (1) pour écrire des livres, je pourrais
facilement trouver beaucoup d'autres citations, et vous·
faire ainsi une conférence très érudite. Nous pourrions,
des Gaulois, nos pères, passer aux Numides, cavaliers
renommés, — Annibal en avait un grand nombre dans
ses armées, — et de ceux-ci aux Arabes, si remarquables encore de nos jours, et dont les fantasias sont
légendaires.

Figurez-vous, dans ces plaines de l'Algérie, qui rappellent déjà le désert par leur immensité, cinq à six cents
cavaliers montés sur des chevaux qui semblent avoir des
ailes, tant ils sont rapides, s'élançant à la fois et passant
comme un ouragan. Tantôt debout sur leurs étriers, tantôt couchés sur leur monture, tirant des coups de feu,
poussant des hourras, leur étendard en tête, avec ses
croissants, et leur musique jouant leurs airs de guerre,
ces Arabes superbes, électrisés au plus haut point, com-
muniquent leur enthousiasme aux spectateurs ; il est
impossible de les regarder froidement. Leurs figures
sombres se sont animées ; leur air grave a disparu ; leurs
yeux flamboient comme des éclairs ; leurs narines fré-
missent à l'odeur de la poudre ; leurs burnous rouges
flottent au vent, et tout cet ensemble forme un tableau
étrange et grandiose, dont rien ne peut donner l'idée
dans notre vieille Europe !

Mais je ne dois pas oublier que je n'ai annoncé qu'une
esquisse légère, et, pour ne pas abuser de votre patience,

(1) Chacun connaît les vers de Voltaire à l'adresse de ce médiocre aca-
démicien :

Au peu d'esprit que le bonhomme avait,
Celui d'autrui par complément servait ;
Il compilait, compilait, compilait...

Mesdames, je ne ferai que jalonner la route et m'arrêter
aux époques les plus intéressantes.

Les courses et jeux de l'antiquité ne nous apparaissent
que revêtus des riches couleurs de la poésie. Notre imagination ne descend dans les arènes olympiennes que
pour y suivre du regard le char victorieux et jouir par la
magie du style et la fidélité des descriptions des plaisirs
de pays lointains et d'un autre âge. Ces fêtes, sans
paraître moins enchanteresses aux yeux de l'observa-
teur, lui offrent cependant un puissant attrait de plus,
lorsqu'il les considère au point de vue de leur utilité. Il
appartenait à Delille d'éclairer ce sujet d'un rayon de son
aimable philosophie.

Ecoutons cette muse harmonieuse :

> Quand les hommes, unis sous une même loi,
> D'une cité commune habitèrent l'enceinte,
> En vain, pour inspirer le respect ou la crainte,
> Leur chef eut déployé l'appareil des faisceaux,
> Rassemblé des soldats, dressé des échafauds ;
> L'imagination déployant tous ses charmes,
> Bien mieux que la coutume et les lois et les armes,
> Par les solennités, les fêtes et les jeux,
> Le costume imposant, le spectacle pompeux
> Nourrit du bien public la noble idolâtrie,
> Et fit par les plaisirs adorer la patrie.

C'est dans le même sens qu'un poète latin disait autrefois :

> Tot flores totidem pendent et ab arbore poma.
> Par le nombre des fleurs on peut compter les fruits.

A ce noble motif se joignait un intérêt plus compréhen-
sible aujourd'hui, l'avantage matériel de créer des rela-
tions commerciales parmi des peuplades diverses, trop
jeunes encore dans la civilisation pour se livrer froide-

ment et d'elles-mêmes aux spéculations positives. Ces fêtes étaient, en réalité, de grandes foires pour les marchands, un théâtre d'honneur pour la jeunesse, un centre où le même amour de la gloire venait changer en patriotisme l'esprit rival des pays voisins.

Les courses, chez les anciens, avaient presque toujours lieu avec des chars, soit qu'elles offrissent ainsi plus d'utilité pour l'usage de ceux-ci dans les batailles, soit qu'on trouvât plus de gloire à diriger plusieurs coursiers fougueux qu'à en conduire un seul.

Avec la Grèce tombèrent ces fêtes magnifiques. Il n'en est plus fait mention dans l'histoire du Bas-Empire, et les Turcs, qui la conquirent, n'y conservèrent que des courses gymnastiques de cavalerie.

Dans le reste de l'Europe, ces courses gymnastiques ne cessèrent pas d'exister; elles étaient appelées dans l'avenir à briller du plus vif éclat à l'époque de la chevalerie, sous le nom de *tournois*, et, plus tard, sous la dénomination de *carrousels*.

Le tournoi, dans le principe, n'était qu'une simple course de chevaux, où les cavaliers les mêlaient et les enchevêtraient les uns les autres, en *tournant* et *retournant* de différents côtés, ce qui leur fit donner le nom de *tournoi*. On se servit ensuite de bâtons, qu'on se jetait et qu'on parait avec le bouclier; puis la lance remplaça le bâton, et les tournois devinrent une fête essentiellement militaire, où les chevaliers, en se provoquant et luttant corps à corps, se préparaient à la guerre.

On fait remonter l'invention des tournois à Artus ou Arthur, roi légendaire de la Grande-Bretagne au VIe siècle; mais cette institution des premiers temps de la chevalerie se retrouve, d'une manière plus certaine, sous le

grand règne de Charlemagne, où se place la date définitive de sa naissance.

Au Xe siècle, Henri Ier favorisa le développement des
tournois en Allemagne. La France et l'Italie les adoptè-
rent également avec honneur; mais, à la fin du XVe siècle,
on cessa presque partout de s'y livrer. Il fallut dire adieu
à tous ces jeux, à tous ces combats, à toutes ces courses,
parmi lesquelles on peut citer celles de Semur, dans
l'Auxois, qui brillèrent d'un éclat incomparable, et aux-
quelles les rois s'intéressèrent à toutes les époques.

En 1370, Charles V y affecta pour prix un anneau d'or,
aux armes de la ville. Charles VI, en 1393, fonda un
deuxième prix, qui fut une écharpe bleue à franges d'or.
Pendant deux siècles, tous les chevaliers de France se
disputèrent ces prix. Enfin, Henri IV, en 1594, ajouta un
troisième prix, qui fut le dernier : c'était une paire de
gants en peau de daim frangée d'or.

Après cela, les courses de chevaux n'eurent plus lieu
qu'à l'exercice de *la Quintaine*, que les seigneurs conservèrent pour l'instruction militaire de leurs vassaux.

L'esprit chevaleresque était-il donc éteint ? Non, pas
encore; mais les mœurs s'adoucissant petit à petit, les
goûts et les plaisirs se polissaient aussi. C'est alors que
les carrousels (de l'espagnol *carro del sol*, *char du
soleil),* plus élégants et moins dangereux que les tournois,
et qui semblent en avoir été le perfectionnement, furent
introduits en France sous Henri IV.

Les carrousels se composaient d'une suite d'exercices
à cheval, exécutés par des seigneurs richement vêtus,
qui se divisaient en nombreux quadrilles, et s'achevaient
par des courses pour lesquelles on donnait des prix ;
l'hippodrome était embelli de pavillons multicolores,

d'étendards fleurdelysés à la couronne royale, d'ori-
flammes aux armes et de banderolles aux devises de
toute la noblesse présente, et les principales tribunes
étaient recouvertes de velours crépiné d'or, et ornées des
plus brillantes décorations.

Ces premiers jeux étaient suivis de divertissements
variés, où la musique, la poésie et la danse tenaient une
large place, soit qu'on récitât des vers, soit qu'on exécu-
tât des concerts et des ballets, soit qu'on eût recours à
des représentations allégoriques tirées de la fable ou de
l'histoire.

Comme vous le voyez, Mesdames, ces magnifiques
spectacles se rapprochaient beaucoup des fêtes Olympiques.

Le premier carrousel, en France, eut lieu en 1605, dans
l'hôtel de Bourgogne. Louis XIII et Louis XIV en don-
nèrent de très brillants. On remarqua notamment ceux
donnés en 1662, à Paris, devant les Tuileries, sur la place
appelée depuis place du Carrousel, et, en 1664, à Versailles, tous les deux en l'honneur de Mlle de La Vallière.
Ces divertissements cessèrent d'être de mode au dix-hui-
tième siècle, et devaient, cent ans plus tard, être défini-
tivement remplacés par les courses, telles qu'on les pra-
tique aujourd'hui.

Quant à la course de *la Quintaine*, elle consistait à
courir avec le plus de vitesse possible contre un poteau
et à y rompre une lance, en le frappant de la pointe,
dans un endroit déterminé.

Pour rendre cette course amusante, on mettait sur un
pivot très mobile un mannequin grotesque, qu'on appelait
le Faquin, et qu'on armait d'un long bâton, placé hori-
zontalement. Quand on le touchait au milieu, il ne bou-
geait pas, mais si la lance l'atteignait de côté, la force du

coup, en le faisant *tourner* rapidement sur lui-même,
ramenait son bâton sur le dos du cavalier maladroit.

Il n'y a pas bien longtemps que la course de *la Quintaine* était encore en usage en Bretagne et dans l'Anjou.
Ici même, à Saumur, une vieille coutume obligeait tous
les nouveaux mariés de l'année à venir, le jour de la
Trinité, sur la place du Chardonnet ; et là, en présence
du seigneur ou de ses officiers, *ils devaient monter à
cheval, et, en courant au galop, rompre une gaule qu'ils
tenaient à la main, en touchant un trou pratiqué dans le
poteau qui marquait le but de la course.* Ceux qui manquaient leur *coup* étaient accueillis par les rires et les
bravos ironiques des spectateurs.

Du reste, en Bretagne, cette terre par excellence de la
fidélité et du souvenir, et dans le Finistère surtout, où
l'on élève de beaux et bons chevaux, les courses locales
sont toujours en honneur. Autrefois même, les jours de
mariage, un mouton, une génisse, un bœuf, quelquefois, était le prix du vainqueur. Mais ce n'était pas aux
hommes seuls qu'était réservée la gloire de la lutte ; les
femmes les égalaient, et, nouvelles amazones, prou-
vaient qu'elles ne craignaient pas plus qu'eux le dan-
ger, car ce n'était pas une course plate dans une prairie
ou sur une route, mais une course au clocher, à travers
champs, et où il fallait atteindre le but en franchissant
tous les obstacles : haies, ruisseaux, fossés.

Mais ces fêtes et exercices équestres ont disparu peu à
peu, et ces jeux, que le superbe dédain de notre civilisation regarderait aujourd'hui comme des amusements pué-
rils, avaient un avantage incontestable. Multipliés sur un
grand nombre de points, ils servaient à former partout
de bons cavaliers et entretenaient la pureté des races.

Mais bientôt celles-ci se perdirent, ainsi que le goût de l'équitation, par l'énorme consommation de chevaux qu'entraînèrent les longues guerres de Louis XIV contre presque toute l'Europe.

La crainte des réquisitions entrava la production, et l'ignorance des fermiers, livrés à eux-mêmes, continua d'y porter le désordre par les croisements les plus mal assortis.

Cet état de choses ne fit qu'empirer d'année en année, jusqu'à la Révolution, qui, faisant main basse sur les haras, comme sur les chevaux des particuliers, acheva de ruiner dans leurs types les races précieuses de nos différentes provinces.

Au commencement du siècle, Napoléon essaya d'arrêter le mal et d'introduire de nouveau en France le goût des courses de chevaux, dans l'espoir qu'elles produiraient les mêmes effets qu'en Angleterre.

Mais quelle avance ce royaume avait alors sur nous !

S'il faut en croire M. John Strutt, l'antiquaire, la passion des Anglais pour les courses remonte à une époque fort reculée.

Au Xe siècle, lorsque Hugues Capet recherchait la main de Estalwitha, sœur du roi Astheltane, le monarque français envoya au monarque anglais huit magnifiques chevaux coureurs.

On trouve dans les récits du moine Fild Sthephan, contemporain de Henri II, une description complète et détaillée de la course des chevaux, telle qu'elle se pratiquait alors.

Avant de vendre les chevaux, on les essayait l'un contre l'autre. Le roi Jean, grand amateur de chasse, dépensait beaucoup d'argent en chevaux de courses, ainsi que le prouvent les registres de la dépense royale.

Edouard II et Edouard III achetèrent des chevaux en grand nombre.

Henri VIII fit venir quelques arabes, spécialement destinés aux courses. On les appelait *coureurs*, pour les distinguer des *chevaux de guerre*, qui devaient porter un cavalier et son armure, et dont la vigueur était le principal mérite.

Lorsque l'invention de la poudre à canon eut détruit le pouvoir de la chevalerie, lorsque la force de l'homme d'armes, son adresse, son audace ne décidèrent plus du sort des batailles, la race des chevaux de guerre devint presque inutile, et celle des chevaux de courses s'améliora sensiblement. On s'en occupa beaucoup sous la reine Elisabeth.

Les hippodromes étant devenus une arène où les joueurs se plurent, ainsi qu'à la hausse ou à la baisse, à risquer sur l'allure d'un cheval les sommes les plus considérables, le cheval de courses devint une spéculation, et c'est peut-être à cette cause qu'on doit plus particulièrement attribuer l'incontestable supériorité de la race anglaise sur celles du reste de l'Europe.

Le système des courses, qu'on a emprunté à la Grande-Bretagne, repose sur le principe *que l'animal le plus agile, et qui fournit le plus promptement une course assez longue et déterminée, doit être le cheval qui a le plus de fond, qui est le mieux établi et le plus digne, par conséquent, de propager son espèce.*

Il y a certainement du bon dans cette théorie ; mais on ne peut pas complètement changer les espèces ; il faut avant tout les améliorer, suivant leur caractère distinctif.

Nous avons en France des races de chevaux qui n'ont pas, assurément, les brillantes apparences du cheval an-

glais, mais qui ont toutes les qualités solides qu'on peut
désirer. Il y a de ces chevaux qui semblent nés pour la
misère, que ni le manque de soins, ni la privation de
nourriture n'arrêtent, que les marches forcées trouvent
toujours prêts, que rien ne rebute, enfin. Ces chevaux-
là sont faits pour la guerre et rendent les plus grands
services en campagne, où, du reste, il est reconnu qu'il
n'y a plus de chevaux vicieux.

La lassitude vient à bout des plus mauvais caractères
et les assouplit mieux que n'auraient pu le faire les meil-
leurs encouragements ou les plus sévères corrections ; il
n'y a donc plus de chevaux méchants en campagne ;
il y a seulement un grand nombre de chevaux devenus insuffisants à remplir leur tâche, et tel est le
magnifique coursier anglais, à la noble encolure, à la
jambe fine, à la robe lisse, mais qui a besoin des plus
grands ménagements. Sa bouillante ardeur l'emporte et
le soutient les premiers jours ; il est plein d'animation,
de fougue même, mais bientôt la fatigue s'empare de lui
et il devient incapable de supporter un service prolongé.
Il se dédommage de cet échec sur le champ de courses, où
il demeure roi par les formes et l'allure, parce que là il
s'agit seulement de fournir un parcours très rapide, sans
doute, mais relativement aussi de très courte durée.

Si vous voyiez, Mesdames, nos traités d'hippologie,
vous seriez effrayées de toutes les qualités que doit posséder un bon cheval, et vous vous écrieriez que, même
pour le cheval, la perfection n'est pas de ce monde.
Cependant, je ne veux point arracher vos illusions au
sujet de ce noble animal, ni refroidir l'enthousiasme que
vous lui témoigniez, il y a deux jours, à Verrie. Vous
avez pu juger de la beauté et de la valeur des che-

vaux qui ont lutté à ces courses, comme en visitant
l'Ecole, qui possède de superbes spécimens, vous avez pu
vous rendre compte des progrès obtenus pour l'améliora-
tion de la race chevaline dans notre beau pays de France.

Et maintenant, Mesdames, je vous remercie de votre
bienveillante attention, et je demande à me reposer des
courses que nous venons de faire ensemble.

Chère Madame, je vous envoie *in extenso* cette intéressante étude, que j'ai eu beaucoup de peine à obtenir
de notre aimable conférencier. Sa modestie s'effrayait de
ma demande, mais enfin il a consenti, sachant qu'il nous
ferait plaisir ; aussi, l'ai-je bien remercié en votre nom et
au mien.

LE DOLMEN, OU ALLÉE COUVERTE DE BAGNEUX.

Aujourd'hui, chère Comtesse, remontons par la pensée l'échelle chronologique des âges. Nous allons visiter, à une petite lieue de Saumur, *le Dolmen,* ou allée couverte de Bagneux, gros village qui est, à proprement parler, un faubourg de la ville.

Cette allée couverte, formée d'une série de dolmens ou pierres plates (dolmen veut dire *table),* mesure vingt mètres de longueur, sept mètres de largeur et un peu plus de trois mètres de hauteur. Vingt-et-une pierres la composent, dont seize verticales, formant les côtés, et quatre posées en toiture ; l'une d'elles, primitivement fendue, est soutenue par une autre pierre, longue et mince, fichée en terre.

Quant à la première pierre, qui devait recouvrir le petit vestibule d'entrée, elle est tombée à côté, et personne n'a songé à la remettre en place, et pour cause ; on ne remue pas facilement les pierres d'une superficie de sept mètres dans tous les sens, c'est la dimension de la plus grande, il est vrai, des quatre pierres formant couverture. La surface entière de cette intéressante construction gauloise est de cent quarante mètres carrés.

Le gardien, qui vous la fait examiner avec orgueil, en dedans, en dehors, et qui vous propose même une échelle pour monter dessus, assure que c'est le plus admirable monument druidique qu'on puisse voir. Ce brave homme,

Saumurois de cœur, et fier de son trésor, comme il convient à tout bon *custode*, n'a certainement pas visité la
Bretagne, qui renferme tant de richesses en ce genre. Il
ne connaît ni le tumulus de Gavr'innis, ni les menhirs de
Loc-Maria-Ker, dont le plus grand, foudroyé il y a un
siècle, ne mesurait pas moins de soixante-douze pieds
de hauteur ; comprenez-vous un monolithe de vingt-
quatre mètres, planté en terre, sur le petit bout ? Autrement, il serait plus modeste et assurerait seulement que
ce monument est l'un des plus beaux, mais non pas le
plus beau de France.

Quoi qu'il en soit, il est très remarquable ; et l'imagination s'étonne devant cette architecture grossière, igno-
rante de l'art, devant cette hutte de blocs de pierre qui
saisit par ses proportions, ou plutôt par ses matériaux
gigantesques : quelles mains pouvaient les manier ? Ne
semblent-ils pas évoquer les races géantes d'une époque
mystérieuse ? Oui, l'esprit reste en suspens, à la vue
de ce monument primitif qui se dresse là comme un
défi permanent, jeté par le passé à l'avenir, comme le
point d'interrogation d'une civilisation non point oubliée,
mais restée inconnue, et qui a posé comme le sphynx de
l'antiquité des énigmes qu'aucun Œdipe jusqu'ici n'a
pu deviner.

Les Druides croyaient descendre de Dis, le dieu de la
nuit ; on dit encore dans le Morbihan *a nuit, d'a nuit en
huit,* pour dire aujourd'hui et d'aujourd'hui en huit ; les
petits enfants, les pauvres souhaitant *la bonne année,* le
1er janvier, disent également : — Donnez-nous *la gui
l'an neu,* expression qui rappelle la cérémonie que les
Gaulois accomplissaient le premier jour de chaque année,
lorsqu'ils allaient couper solennellement, avec la serpe

d'or, *le gui de l'an neuf,* pour le distribuer ensuite comme étrennes sacrées, portant bonheur.

Ce beau monument de Bagneux, qui rappelle tout un monde évanoui dans le passé, est certainement l'une des principales curiosités de Saumur.

Vingt, trente, quarante siècles peut-être, se sont écoulés depuis qu'il existe ; bien des générations sont venues tour à tour l'étudier, sans pénétrer ses secrets, ou simplement le contempler, comme nous le faisons aujourd'hui. Le temps, qui ne respecte rien, l'a épargné, et combien de monuments en ce monde peuvent compter autant de quartiers de noblesse, je vous le demande?

En revenant, on m'a montré, à l'angle d'une maison du bourg de Bagneux, les deux profils de Mme Dacier et de Bodin. Cette sculpture, assez grossière, n'est d'aucune valeur artistique, et n'a d'autre mérite que celui du souvenir. Mais je mentionne en passant ce travail, quelque minime qu'il soit, parce qu'il est toujours à la louange d'une ville de garder fidèlement la mémoire de ceux qui, nés dans ses murs, l'ont honorée par leurs talents ou leurs vertus.

LA LOIRE ET LE THOUET.

Nous avons fait deux charmantes promenades en bateau le long des rives sinueuses et verdoyantes de la Loire et du Thouet.

Notre course sur le Thouet nous a paru d'autant plus agréable qu'un orage terrible avait failli déranger tous nos projets. Il avait éclaté avant l'aube et semblait présager une bien mauvaise journée. Les éclairs ne se comptaient plus, le ciel en était tout enflammé, et ces lueurs étranges donnaient à la ville et surtout au château des proportions fantastiques.

De plus, une violente tempête mêlait ses mugissements aux éclats de la foudre, au point que le bruit du vent absorbait parfois les roulements du tonnerre.

C'était un spectacle grandiose et saisissant, mais qu'un vague sentiment de crainte empêchait de contempler à l'aise.

Après deux heures de ce fracas épouvantable, une grêle désordonnée et une trombe d'eau vinrent calmer l'orage, et, lorsque le soleil apparut brillant dans un nimbe de pourpre et d'azur, les éléments déchaînés étaient rentrés dans l'ordre, et toute trace de cette convulsion atmosphérique avait disparu.

Orage passé n'est que songe. Nous avons donc pu nous embarquer et voguer joyeusement sur le Thouet, qui déploie ses nombreux anneaux au milieu de vastes prairies animées de troupeaux mugissants, bordées d'oseraies touffues et de grands roseaux qui soupirent lorsque la brise les caresse, mais qui, plus discrets que ceux auxquels se confiait le barbier du roi Midas, ne murmurent aucune parole malsonnante aux promeneurs.

C'était vraiment délicieux de se sentir mollement bercé sur cette rivière tranquille

Qu'effleurait l'hirondelle agile

et beaucoup d'autres oiseaux.

De temps en temps, de grands bouquets d'arbres, où venaient se briser les flèches d'or d'un soleil radieux, répandaient sur les eaux ombre et fraîcheur.

Pendant tout son parcours, le Thouet semble se souvenir du joli lieu de sa naissance, de ces belles collines poétiques et rêveuses de la Gâtine orléanaise, et en reproduire partout l'image.

C'est un dimanche, et par un temps superbe, que nous avons fait notre promenade sur la Loire.

En nous rendant à l'embarcadère, j'ai encore admiré cette belle voie qui traverse la ville sans dévier de son inflexible ligne droite, et je me suis amusée à considérer la foule bigarrée des promeneurs.

Tous les uniformes de l'armée française se retrouvent à Saumur, et, le dimanche, la grande tenue étant de rigueur, ces brillants militaires, aux costumes rehaussés d'or, d'argent, de brandebourgs de toutes sortes, donnent aux rues un aspect des plus pittoresques et des plus animés.

Ici se mêlent aux dolmans bleus et pantalons rouges des hussards et des chasseurs la tunique sombre des cuirassiers et le casque étincelant des dragons ; là, l'habit

6

plus sobre des officiers-élèves de l'Ecole fait ressortir
l'uniforme chamarré des spahis et des Arabes, qui por-
tent si gracieusement le burnous blanc jeté sur les
épaules.

Le soleil fait reluire tous les galons, les teintes les plus
disparates s'harmonisent, et c'était partout un rayonne-
ment de couleurs variées qui chatoyaient très agréablement aux yeux.

Une barque blanche et légère, garnie de moëlleux tapis
et de coussins de velours, nous attendait.

Cette fois, au lieu de passer sur les beaux ponts qui
relient les rives de la Loire, nous sommes passés dessous,
et, à ce moment, ces vers, que La Fontaine en voyage
écrivait à sa femme, me sont revenus à la pensée :

> Ce n'est pas petite gloire
> Que d'être pont sur la Loire :
> On voit à ses pieds rouler
> La plus belle des rivières,
> Que, de ses vastes carrières,
> Phébus regarde couler.

Oui, ce beau fleuve, cette grande route qui marche,
pour me servir de l'expression pittoresque de Pascal, éta-
lait à nos regards charmés toutes ses séductions ; et,
cependant, cette Loire charmante, qui nous paraissait si
calme, si douce, si engageante, est parfois bien trom-
peuse, hélas ! et a eu, à toutes les époques, des déchaî-
nements terribles.

Sous Charlemagne, ses inondations furent si épouvan-
tables que ce prince ordonna la construction d'une levée
de trente lieues de long, sur la rive droite. Ce travail
gigantesque ne fut terminé que sous Louis-le-Débon-
naire.

La Loire est, du reste, le plus grand fleuve de France, et sa largeur atteint dans certains endroits plus de huit kilomètres ; cependant, son lit trop profond, encombré d'îlots et de sables mouvants qui se déplacent sans cesse, rend sa navigation difficile. Sa première source, bien faible, jaillit dans le département de l'Ardèche, sur le flanc d'un volcan éteint, *le Gerbier de Jonc*, à cent cinquante kilomètres de la Méditerranée ; mais, au lieu de se diriger du côté de cette mer, elle prend un sens opposé, traverse dix départements et vient se jeter dans l'Océan, à Saint-Nazaire, après un parcours de plus de mille kilomètres.

Nos pères étaient plus clairvoyants que nous ; ils se défiaient de la Loire, et avaient bien raison d'agglomérer leurs demeures autour des vieilles murailles du château ; là, ils étaient à l'abri de tout débordement, et, pour rien au monde, ne se fussent aventurés à bâtir sur les rives du fleuve.

Aujourd'hui, quand on parcourt la ville basse, c'est-à-dire, la ville neuve, on voit des maisons sur lesquelles une inscription rappelle la date et le niveau des inondations qui, à différentes époques, les ont atteintes, et sont venues jeter l'effroi et la désolation dans ces quartiers populeux, et cependant on continue d'habiter ces maisons et d'en construire de nouvelles à côté. Il semble que l'expérience n'apprenne rien. Puis, un jour, le fleuve déborde ; il sème la ruine et la mort, et dévaste tout sur son passage.

On se lamente, on le maudit, comme si toute la faute venait de lui seul, et comme si aucune responsabilité ne pesait sur ceux qui sont venus témérairement s'exposer à ses fureurs.

C'est l'histoire des Napolitains, qui oublient les leçons

du passé et bâtissent encore au pied du Vésuve, s'ima-
ginant, dans leur insouciance, que le monstre qui, depuis
des siècles, a déjà tant de fois dévoré leurs demeures, ne
recommencera plu.

LA VIGNE ET LES FLEURS A SAUMUR.

Au retour, nous avons porté un toast à votre chère santé et bu de cet excellent petit vin blanc du pays qui mousse comme le champagne et fait pétiller comme lui la gaieté et l'esprit. Il y a en Anjou dix ou douze crûs renommés ; mais le vin de la coulée de Serrant est réputé sans égal. Ces crûs produisent environ six millions de bouteilles par an, d'un revenu de vingt millions de francs.

Les grains, dans cette terre privilégiée, atteignent également, chaque année, ce chiffre respectable de vingt millions.

Cependant, c'est une faveur des dieux de pouvoir boire du vin authentique des coteaux de Saumur, car presque toute la récolte est retenue d'avance ; la majeure partie s'en va en Angleterre et en Champagne. En Champagne, ces vins changent de nom ; ils reçoivent une étiquette ronflante, comme, en Bretagne, tous les beurres de Rennes prennent celle de la Prévalaye , et aussitôt ils ont doublé de mérite et surtout de prix.

A trois kilomètres de Saumur, dans la commune de Varrains , on peut aller voir , au château de la Frégéolière , un très important établissement de vins mousseux champagnisés et présentant toutes les qualités sérieuses du vrai champagne : la pureté , le moëlleux , la finesse et le parfum.

La visite de ces caves immenses, de ce labyrinthe souterrain, où l'on pourrait presque se perdre, est fort intéressante et donne une haute idée de l'une des principales branches du grand commerce saumurois.

Du reste, nous avons éprouvé le même sentiment d'admiration à la vue des beaux jardins cultivés par les horticulteurs de la ville, et où nous avons fait, à différentes reprises, de charmantes promenades.

J'ai été ravie de l'épanouissement prodigieux de toutes ces plantes, d'une fraîcheur et d'un coloris idéals, où les nuances les plus douces se mariaient aux tons les plus vifs, car c'est par milliers qu'on pouvait compter ces fleurs élégantes et parfumées qui embaumaient l'air. Il y avait fête pour l'odorat comme pour les yeux.

On retrouvait tous les trésors d'une palette éblouissante et féconde dans ces massifs savamment combinés, qui se détachaient avec éclat des gazons verts, et, par instants, étincelaient sous l'action du soleil, comme des pierres précieuses dans leur écrin.

C'était à se demander si quelque princesse orientale, échappée des palais des *Mille et une Nuits*, était venue là semer tous ses joyaux.

C'était à croire que quelque Pénélope, enchanteresse ou fée, avait tracé de ses doigts merveilleux ces suaves broderies de fleurs sur ce canevas d'herbe fine que l'aurore tisse d'émeraudes et le soleil de velours.

Oui, il faut plus que du goût, il faut de l'art pour arriver à ce résultat parfait.

Sans doute, cette splendeur de végétation prouve l'excellence du terrain ; mais, aussi, que de précautions incessantes et minutieuses, quelle entente supérieure des soins à donner, et comme cette science charmante, la culture des fleurs et des fruits, est avancée dans cette

belle province d'Anjou, surnommée si justement, comme
la Touraine, le jardin de la France.

C'est bien ici la vraie patrie de ces délicates produc-
tions, et les horticulteurs de Saumur suivent avec honneur les traces du maître, M. Le Roy, d'Angers, qui fut,
jusqu'en 1875, le roi de fait et de nom des horticulteurs
français.

Pour donner une idée de l'admirable établissement
qu'il possédait alors, il suffit de dire qu'au milieu de ses
innombrables espèces de plantes, de ses magnifiques
pépinières, où l'œil s'égarait à perte de vue, les rosiers
seuls occupaient dix hectares.

Du reste, les propriétaires ont, depuis longtemps, compris la valeur de cette terre fertile et riche, de ce beau
pays planté surtout de noyers, de saules et de peupliers ;
aussi les champs ne sont-ils point fermés comme en
Bretagne par des rangs de vieux chênes étêtés, rabougris,
destinés aux émondes, ou par de grands fossés en talus,
larges à leur base de trois ou quatre mètres, ce qui perd
beaucoup d'espace. Non, ils sont tout simplement sépa-
rés par de légères palissades ou seulement un cordon de
vigne, qui ne gêne aucune culture et rapporte lui-même.

ENVIRONS DE SAUMUR

ENVIRONS DE SAUMUR

MONTREUIL-BELLAY.

C'est par le chemin de fer de l'Etat que nous nous
sommes rendus à Montreuil-Bellay.

Je ne vous dirai pas que cette ligne soit bien confor-
table avec ses petites gares en bois, ouvertes à tous les
vents, aussi légèrement bâties que ces jolis joujoux
qu'on nomme bergeries suisses, avec ses wagons à deux
étages, qui ne vont pas vite au milieu des champs, qu'ils
traversent sans barrières ni talus, ce qui leur permet
d'écraser de temps en temps bêtes ou gens. C'est, du
reste, le seul monopole qu'on puisse reconnaître au chemin de fer de l'Etat : d'être mal installé sous tous les
rapports.

Cependant, celui de Poitiers ne marche pas tout à fait
à la manière des tortues, comme du côté de St-Brieuc,
où certain train primitif et complaisant ne se borne pas
à prendre les voyageurs aux stations, mais les *cueille*
avec une condescendance tout exceptionnelle sur tout
son parcours, au fur et à mesure qu'ils se présentent.

L'été dernier, le mécanicien, excellent homme, aper-
cevant un facteur qui s'épongeait le front et marchait à
grands pas sous un soleil torride, le héla pour lui pro-
poser de monter.

— Bien obligé, fit le facteur, mais je suis pressé, et, si
je prenais le chemin de fer, je n'arriverais pas à temps !

Le fait est que le facteur allait un peu plus vite que le train.

Cette petite critique vous peint notre impatience au départ ; mais nous avons trouvé le retour moins long, tout occupés que nous étions à gerber l'ample moisson des souvenirs glanés pendant cette délicieuse excursion.

J'ai donc été entièrement séduite par le château-fort de Montreuil - Bellay, planté comme un nid d'aigle au sommet d'un coteau escarpé et d'un site ravissant : ces hautes tours solidement assises sur le roc, ces fiers donjons à machicoulis, ces vieux murs crénelés et si bien réparés dans le style de l'époque, sont d'un effet grandiose et forment un contraste saisissant avec toutes les fraîches parures d'une nature toujours jeune ; les grands arbres ombreux, qui n'atteignent pas à la hauteur des tours, les massifs aux arbustes odorants, les pelouses soyeuses, les fleurs et les oiseaux ajoutent encore aux enchantements de ce noble et vaillant château, qui élève si haut dans les airs son front blasonné.

Le Thouet coule à ses pieds, et ses rives capricieuses sont reliées en cet endroit par un joli pont placé à point pour embellir encore le tableau...

Et, pendant que j'admirais toutes ces choses, j'aurais voulu avoir une heure à moi pour me recueillir, pour tracer mes impressions prises sur le vif, pour peindre mon enthousiasme, du lieu même qui le causait et sous l'inspiration de ce passé plein de grandeur.

Oui, ces retours vers une époque si loin de nous créent comme une double vie, et celle qui n'est plus vient faire oublier celle qui est, et charmer pendant quelques heures le présent, souvent aux prises avec les préoccupations et les mornes réalités de la vie.

L'ancienne ville de Montreuil-Bellay, dont l'existence est intimement liée à celle du château-fort, fut une place de guerre importante au Moyen-Age.

Les Anglais l'occupèrent longtemps sous *les Planta-genets*, et, plus tard encore, pendant les guerres d'invasion. Elle avait donné naissance à la grande famille des *Berlay* ou *Beslay*, qui s'éteignit de bonne heure et dont l'illustration passa à la branche cadette d'*Allonnes Bellay*.

Nous lisons aussi dans l'histoire que le château primitif fut construit par un petit-fils de Foulques Nerra, Geoffroy, surnommé Plantagenet (parce qu'il portait ordinairement une branche de genêt à sa toque), qui monta sur le trône d'Angleterre par suite de son mariage avec l'impératrice Mathilde, veuve d'Henri V d'Allemagne et fille et héritière d'Henri Ier, roi d'Angleterre.

De cet antique château il ne reste plus qu'une vieille tour de neuf à dix mètres de hauteur. On y pénétrait par un pont-levis dont on voit encore la porte. Au fond de cette tour se trouvent les restes d'un puits, d'un four, d'un moulin à bras et la porte d'un souterrain.

Le château actuel, admirablement restauré, est une imposante demeure féodale de la fin du XIVe siècle.

Les appartements, que nous avons successivement parcourus, vastes, très hauts d'étages, avec grandes cheminées sculptées, ne se terminent point par de vulgaires plafonds plats; mais on y retrouve, comme à l'hôtel-de-ville et au château de Saumur, ou de beaux plafonds à caissons très historiés, ou de belles voûtes majestueuses, avec voussures, nervures et arceaux : cela donne très grand air.

Tous ces appartements sont magnifiquement meublés.

7

A côté des tables à colonnettes et des sièges torses, se
dressent ici des coffres, des crédences, des bahuts, en
chêne, fouillés et tourmentés par un ciseau habile, et
que le temps a noircis et lustrés comme l'ébène ; des
consoles dorées, avec grandes glaces à fronton, des chif-
fonniers en marqueterie, des secrétaires en bois de rose,
des pendules monumentales ; enfin, tout un ensemble
qui s'harmonise parfaitement avec la date du château, et
prouve le bon goût des propriétaires.

On s'aperçoit bien vite que *tout cela est authentique* et
n'a rien de commun avec le *clinquant* de nos jours, qui
est une hypocrisie du Beau et du Vrai. Le Beau est toujours cher ; mais tout le monde actuellement voulant en
avoir au moins les apparences, les ouvriers ont dû fabri-
quer à bon marché et rapetisser leurs œuvres à la dimension de toutes les bourses, au grand détriment de l'art.
Aussi éprouve-t-on une véritable satisfaction à retrouver
de temps en temps quelques-uns des objets charmants
créés par le luxe de nos ancêtres, et il faut entendre
sous ce nom de luxe *tout ce qui contribuait à la distinc-
tion, à l'élégance, au bien-être et au charme de la vie*.

Ils sont rares les spécimens attestant les splendeurs de
l'art somptuaire aux XVII⁰ et XVIII⁰ siècles, « quand
Boule et Riesener faisaient des meubles, Berain et Gou-
thières des flambeaux, Falconet et Clodion des pendules,
Boucher et Fragonard des peintures pour lambris, plafonds et dessus de portes ; quand les manufactures de
Vincennes et de Sèvres donnaient mille formes et mille
nuances à la porcelaine ; quand les établissements de la
Savonnerie, des Gobelins et de Beauvais exécutaient en
laine et en soie des tentures peintes comme des tableaux ;
quand de simples ouvriers étaient des artistes ; quand

chaque pièce d'ameublement pouvait être une œuvre d'art. »

Ici nous avons donc vu beaucoup de belles choses, et chaque appartement mériterait certainement une mention spéciale ; mais je vous en fais grâce, cela ressemblerait trop à un inventaire. Je citerai cependant encore une chambre entièrement tendue de vieilles tapisseries au coloris brillant, fraîches et élégantes comme si elles venaient de quitter le métier, et, dans la bibliothèque en vieux chêne sculpté, d'antiques girandoles en fer forgé, qui m'ont paru très remarquables.

Ceci va vous sembler un paradoxe ; mais je trouve ce château trop grand, trop vaste pour être praticable : c'est là le revers, et il y en a un, hélas ! à toutes les médailles, même aux plus belles.

Ces salles, dans lesquelles on bâtirait un complet appartement de ville, doivent rester froides l'hiver et sombres l'été ; il faut des feux d'enfer pour les réchauffer, et encore !...

Quant aux embrasures des fenêtres, si hautes et si larges qu'on les a installées en boudoirs et *ben retiro* charmants, elles ne donnent cependant qu'une lumière très affaiblie, qui, avant d'arriver au milieu de l'appartement, s'est déjà à moitié perdue dans l'épaisseur des murs : en définitive, cette riche et somptueuse demeure est peut-être plus magnifique que commode, plus agréable à visiter qu'à habiter.

Mais, pour nous, qui n'étions appelés qu'à l'entrevoir en passant, comme elle nous a paru splendide, escortée de tous les souvenirs d'un autre âge !

Le grand escalier de pierre, bâti en spirale et qui occupe toute une grosse tour jusqu'au faîte, est si bien

couché, si doux, que la maréchale Oudinot, lorsque son
mari commandait l'Ecole de Saumur, l'a monté à cheval
jusqu'à la dernière marche.

Les communs répondent au château. La cuisine est
peut-être plus curieuse que tout le reste ; mais je ne sais
comment vous la décrire, et mon embarras est extrême.

Figurez-vous donc une pièce immense, un carré long,
ayant d'abord à chacune de ses extrémités, en face l'une
de l'autre, deux cheminées, celles-là relativement ordinaires et pouvant, comme dans beaucoup de fermes,
abriter trois ou quatre personnes sous leur manteau.

Ceci n'est donc rien ; mais voici que, juste au milieu
de cette grande pièce, se dresse carrément une énorme
voûte, reposant sur quatre forts piliers bâtis en arcades ;
le centre de cette voûte va toujours en s'élevant et en se
rétrécissant, jusqu'à ce qu'elle n'ait plus que les dimen-
sions d'un gros tuyau de cheminée très élevé, qui va se
perdre au dehors, parmi les tours et les toits du voisi-
nage, et d'où l'on voit d'en bas le ciel, comme du fond
d'un puits.

Eh bien ! cette espèce de dôme, ce monument étrange,
c'est une cheminée. L'intérieur, garni de barres de fer et
tapissé de suie, révèle ses longs services, alors qu'on rôtis-
sait dans cette cheminée typique les bœufs enfilés par
demi-douzaine dans des barres de fer, à l'époque florissante où un duc de La Trémouille, maître de céans,
nous a dit la gardienne, avait à pourvoir non-seulement
à l'entretien d'une nombreuse domesticité, mais encore
de huit cents hommes d'armes.

L'église paroissiale, autrefois collégiale du bourg de
Montreuil, n'est autre aujourd'hui que la chapelle même
du château. Elle fut construite au XVe siècle par le propriétaire d'alors, un comte d'Harcourt.

Les vieilles chroniques racontent aussi que moines et seigneurs ne firent pas toujours bon ménage, et voici une petite histoire qui ne le prouve que trop :

« Un baron de Montreuil, ayant un moulin au bas de son château, sur la petite rivière du Thouet, fit construire une chaussée en pierre, solidement maçonnée à chaux et à sable, pour contenir les eaux qui devaient faire marcher le susdit moulin.

Cette chaussée arrêtant les eaux, celles-ci inondaient, à la moindre crue, l'îlot et le jardin du couvent de Bénédictins qui se trouvait auprès.

Or, un prieur de ce couvent, voulant mettre fin à ces inondations périodiques, s'avisa de faire couper la chaussée, de son autorité privée.

Grande colère du baron, en apprenant cet acte, qu'il qualifia d'inique, et le pauvre prieur fut cité à sa cour, comme coupable de félonie, et condamné à mort.

Le prieur en appela au pape. La chronique ne dit pas ce que décida le Saint-Père. Mais, probablement, il y eut une transaction féodale entre les deux parties avant que son arrêt fût intervenu, et la cérémonie que je vais vous décrire, si elle a vraiment existé, ce dont je doute fort, fut sans doute le résultat de cette transaction.

Il fut convenu que le prieur et ses successeurs seraient, à certain jour de l'année, jetés par-dessus le pont dans le Thouet, mais qu'il leur était permis de se sauver s'ils le pouvaient.

En effet, continue la chronique, pendant plus d'un siècle on jeta le prieur du couvent dans l'eau le jour de la Trinité ; mais, comme tous ces bons moines avaient la précaution d'apprendre à nager, et que, du reste, il y avait tout autour du pont des hommes et des barques

apostés pour venir en aide, s'il en était besoin, cette
cérémonie, qui n'était que la reconnaissance d'un droit
nominal, n'avait d'autre inconvénient que de devenir un
bain forcé, et rien de plus.

Malheureusement, il arriva un jour que le prieur fut
noyé ou se tua en tombant dans le Thouet.

Alors l'abbaye réclama en cour de Rome, et cette singulière et inconvenante exécution cessa, au moyen d'une
grosse rente en blé, que les moines durent payer au
seigneur de Montreuil.

Seulement, pour en perpétuer la mémoire, les gens du
peuple établirent une sorte de parodie de l'ancien drame.
Elle se jouait ainsi :

Tous les ans, le jour de la Trinité, les hommes portaient un mannequin habillé en moine, le promenaient
dans toute la ville avec force pasquinades, puis le jetaient
par-dessus le pont du Thouet, après qu'un héraut, qui
les précédait, avait crié plusieurs fois à pleins poumons :

« De par Monsieur le Baron, on va jeter le prieur à
l'eau ! »

Cette burlesque parade, dans laquelle on a voulu voir
une image lointaine de la jurisprudence féodale et qui
n'a cessé qu'à la fin du dernier siècle, était regardée
comme un *carnaval* en plein été ; elle attirait les habitants des pays environnants et se terminait toujours par
des danses, des jeux et des festins champêtres. »

Voilà, chère comtesse, la légende de Montreuil ; elle
est assez curieuse, mais je ne garantis pas qu'elle soit
authentique, et j'en laisse toute la responsabilité aux
écrivains du temps.

FONTEVRAULT.

L'antique abbaye de Fontevrault est aussi fort intéressante à visiter, quoique, depuis 1804, elle ait été convertie en prison centrale et pénitencier agricole, et que beaucoup des anciens bâtiments aient disparu. Cependant, il en reste encore assez pour donner une haute idée de sa magnificence d'autrefois.

L'église, qui remonte au XIIᵉ siècle, est superbe. Elle se compose d'une nef unique, flanquée de deux tours à la façade et couverte en coupoles, avec chapelles rayonnant autour de l'abside.

Elle a quatre-vingt-huit mètres de longueur et atteint une élévation de dix-neuf mètres sous les coupoles. Mais il n'y a que le chœur qui soit rendu au culte et serve de chapelle.

Le transept, appelé *le cimetière des Rois*, renferme les quatre statues tombales d'Henri II, roi d'Angleterre et duc d'Anjou, d'Eléonore de Guienne, son épouse, de Richard-Cœur-de-Lion et d'Isabeau d'Angoulême, femme de Jean-Sans-Terre.

Ces statues, dont l'une est en bois et les trois autres en pierre, sont également précieuses au point de vue de l'art et de l'histoire.

On remarque ensuite la salle capitulaire, ornée de peintures murales; le réfectoire, de style ogival, et quelques autres bâtiments reconstruits en partie au XVIIᵉ siècle.

L'enceinte de l'abbaye renfermait encore, outre la grande basilique, deux petites églises du XIIᵉ siècle : Saint-Lazare et Saint-Benoît, dont chacune avait son cloître particulier.

Le grand cloître, du XIIᵉ siècle aussi, magnifiquement restauré, à l'époque de la Renaissance, est un chef-d'œuvre d'élégance et de délicatesse. Il a été divisé en préaux, pour la promenade des prisonniers ; mais, lorsque ceux-ci sont rentrés au travail et qu'il est redevenu désert, l'âme se recueille sous ces longues galeries en arcades, sous ces voûtes mystérieuses et profondes; la pensée, heureuse d'oublier le présent, retourne vers le passé, qui la saisit tout entière, et le visiteur croit entrevoir, à travers les colonnes qui projettent, le long des murailles, sur les dalles froides et muettes, leur grande ombre vacillante : le visiteur croit aussi entrevoir celle des religieuses ; il lui semble entendre les pas légers, le frôlement des longues robes, le bruissement des chapelets de toutes celles qui vinrent peupler cette vaste abbaye, et dont l'existence devait s'écouler entre ses murs sévères.

Il évoque le souvenir de ces femmes pieuses qui se succédèrent pendant des siècles et vinrent ensevelir là toutes les grandeurs, toutes les joies, tous les plaisirs de ce monde, pour se mortifier, prier, chercher la paix de l'âme et du cœur, et oublier la terre dans leur désir des cieux.

Son imagination sous le charme croit réellement les voir passer, calmes et silencieuses, dans ce beau costume blanc qui devait peindre la pureté de leur vie.

En effet, les religieuses Bénédictines de Fontevrault portaient robe blanche, rochet de batiste plissé, guimpe, bas et souliers blancs, ceinture et voile noirs.

Quand elles sortaient, ce qui était fort rare, elles revêtaient une robe d'étamine noire.

Cet Ordre, qui devait devenir si prospère, fut fondé à la fin du XIᵉ siècle par Robert d'Arbrissel, ou, plus exactement, d'*Albresec*, petit village des environs de Rennes, où il avait vu le jour et dont il portait le nom.

Cet excellent prêtre avait le don de l'éloquence, et, émule de Pierre l'Ermite, il prêcha de son côté avec tant de succès la première croisade, que non-seulement les hommes, disent les chroniques, mais les femmes et les enfants quittaient tout pour s'enrôler sous l'étendard de la croix.

L'abbaye de Fontevrault, qui était *chef d'ordre*, eut bientôt de très nombreuses succursales. Dès l'année 1245, on comptait jusqu'à cinq mille Fontevristes. Seul, ce monastère renfermait à la fois des religieux et des religieuses, et fut toujours, depuis la mort de son fondateur, gouverné par une abbesse, souvent princesse, descendue des degrés du trône pour se consacrer à Dieu, et toujours grande dame de la plus haute naissance.

La première abbesse fut sainte *Pétronille de Chemillé.*

Sur les trente-cinq abbesses qui lui succédèrent, on compte quatorze princesses, dont Marie de Bretagne, réformatrice de l'Ordre en 1457.

C'est ainsi que Mˡˡᵉ Adélaïde de Rochechouard de Mortemart, de cette illustre famille où l'esprit passait pour héréditaire et dont je vous ai déjà parlé, avait été appelée à la dignité de supérieure de Fontevrault. On l'avait surnommée la reine des abbesses, car elle avait encore plus d'esprit et de beauté, paraît-il, que sa sœur, Mᵐᵉ de Montespan.

C'était une femme aussi distinguée par l'étendue de

son instruction que par l'élévation de son caractère et la piété profonde de son âme.

Versée dans l'Ecriture, la Théologie et les Pères, elle possédait aussi les langues savantes et traduisit avec Racine *le Banquet,* de Platon. Elle parlait à enlever tout son auditoire, quelque matière qu'elle traitât, et elle excellait en tout genre d'écrire. Elle était adorée de son Ordre, qu'elle tenait, toutefois, dans la plus grande régularité.

Ce sont ces souvenirs et tant d'autres qui jettent encore un brillant reflet sur ce monastère, converti en prison, et, triste retour des choses d'ici-bas, des repris de justice et des malfaiteurs blasphèment aujourd'hui sous ces voûtes sonores, qui, pendant si longtemps, ne retentirent que des chants de pieux cantiques et des paroles saintes de la prière.

C'est dans la seconde cour de l'abbaye que se trouve la fameuse tour d'Evrault, construction pyramidale du XII° siècle, qui a semé la discorde chez les savants, leur a fourré martel en tête, et sur laquelle ils ont émis les systèmes les plus ingénieux et les plus différents.... Du reste, quand les médecins s'entendront entre eux d'un côté, et les savants de l'autre, ce devra être un des signes des temps oubliés par saint Matthieu.

Il s'est aussi trouvé des savants qui n'étaient point du même avis sur les grottes druidiques qu'on rencontre en Bretagne et qu'on cherche à comprendre depuis plus de trois mille ans peut-être...

La science s'était donc également mise en campagne à ce sujet. Les érudits se torturaient l'esprit pour donner des explications fantastiques, quand l'un d'eux, pour mettre tout le monde d'accord, déclara que ces grottes secrètes, où les uns avaient vu les prisons des victimes humaines destinées au sacrifice, les autres l'autel même et le lieu du supplice, n'étaient tout simplement que... *le garde-manger de nos pères !*

Eh bien ! ici, c'est à peu près la même chose : cette tour d'Evrault, sombre , effrayante, enveloppée de mystères, c'étaient tout bonnement... les cuisines de l'abbaye !

— Par exemple ! impossible ! vous écriez-vous... Voilà une définition qui ne peut satisfaire les poètes, les rêveurs, les amis du merveilleux ; on ne peut ainsi tomber de toutes les hauteurs de l'imagination dans une aussi plate réalité.

Alors, écoutez la légende :

« En effet, cette tour brune et sinistre d'Evrault fut construite et habitée, bien longtemps avant la fondation de l'abbaye, par un brigand fameux qui lui a laissé son nom.

Elle se trouvait alors au milieu d'une forêt, et le perfide châtelain faisait allumer, la nuit, à son sommet, un très brillant fanal, afin d'attirer vers sa demeure les voyageurs égarés, lesquels étaient tués et volés aussitôt.

Il paraît que le monastère de Fontevrault devait finir comme il avait commencé ! »

Du reste, ce beau pays d'Anjou est peuplé de souvenirs, de vieux castels aux légendes frissonnantes et de châteaux modernes aux coquettes traditions, et le passé et le présent, dans un heureux mélange qui les fait mutuellement valoir, tiennent sans cesse en éveil l'intérêt du touriste, tout en se partageant son admiration.

Quelques ruines, tout imprégnées de poésie, et cependant orgueilleuses encore sous les lierres et les plantes parasites qui les ont envahies et achèvent de les cacher, sont également remarquables aux yeux de l'art et de l'histoire.

Ces derniers vestiges d'une grandeur évanouie, au milieu d'une campagne en fête, toujours belle et parée, font naître à l'esprit qui les étudie mille réflexions diverses.

En effet, n'est-il pas frappant le contraste perpétuel qui s'établit entre l'œuvre périssable de l'homme et l'œuvre permanente de Dieu ?

Un moment, on serait tenté de croire à l'existence indéfinie de ces admirables constructions du Moyen-Age ; on penserait, en comparant ces châteaux-forts d'autrefois aux beautés fragiles et délicates de la nature, ces pierres lourdes et compactes aux feuillages qui tombent et aux fleurs qui se fanent, qu'ils ont la force et la durée, et cependant c'est le contraire qui arrive ; le temps, petit à petit, détruit leur masse imposante et superbe, et, un jour, leurs murs croulants dévoilent leur faiblesse devant cette belle nature qui, se renouvelant sans cesse, reste éternellement forte, parce qu'elle est éternellement jeune.

CHATEAU DE POCÉ.

Le château de Pocé doit moins son renom dans l'histoire à l'élégance de son architecture du XVe siècle qu'à l'originalité de ses droits seigneuriaux, que je vais vous décrire.

« D'abord, tous les chaudronniers qui passaient en vue de ce noble castel, flanqué de deux tours crénelées, étaient obligés, sous peine de confiscation de leurs marchandises au profit du seigneur, de venir au château offrir de raccommoder toute la batterie de cuisine, qui, souvent, en avait besoin. Si l'on acceptait cette offre, on ne leur devait qu'un petit pain et une demi-bouteille de vin.

Un second usage obligeait tous les marchands verriers, sous les mêmes conditions, à donner au seigneur la plus belle pièce de leur boutique ambulante, pour laquelle ils ne recevaient qu'un verre de vin.

Ces droits n'étaient qu'onéreux et n'avaient rien d'humiliant pour ceux qui étaient obligés de s'y soumettre ; mais il n'en était pas ainsi du troisième, qui dut souvent faire verser des larmes de dépit et de regret aux femmes des environs qui n'avaient point une réputation irréprochable, la ville même de Saumur comprise, car, à l'exception des nobles, aucune n'en était exempte !

Ce droit permettait au seigneur de Pocé de faire amener devant lui, une fois par an, le jour de la Pentecôte, et cela par ses officiers et ses gens, toutes les femmes *jolies* du pays. Par cette dénomination de *jolies*, on entendait alors les femmes sages et honnêtes.

Une fois devant le seigneur, chacune d'elles devait donner à celui qui l'avait conduite six deniers, un chaperon de rose, et danser avec lui devant la dame châtelaine.

La coutume disait que celles qui refuseraient de danser seraient marquées aux armes du seigneur avec un aiguillon.

Mais on comprend que cet article était purement comminatoire et ne fut jamais appliqué, car, si les femmes de nos jours ne refusent pas de danser une contredanse alors qu'elle n'est qu'un droit, nos aïeules refusaient encore moins alors qu'elle était un devoir.

Aussi, jamais impôt ne fut-il plus joyeusement payé.

Quant aux femmes non *jolies*, c'est-à-dire, mal famées, elles devaient se présenter aussi, mais seulement devant la porte du château, qui leur était fermée au nez, et, pour cela, elles payaient une amende double. »

Puis, tous les roturiers qui se mariaient sur ce fief étaient obligés, la première année de leur mariage, de se trouver, le jour de la Trinité, près d'un ruisseau nommé *le Saut des Mariés*, et de sauter ledit ruisseau. Celui qui y tombait payait comme amende douze boisseaux d'avoine, et ceux qui manquaient de venir devaient en envoyer le double.

Cet usage était tout simplement un impôt, sous forme féodale ; aussi, beaucoup, pour s'éviter les plaisirs d'un canard barbotant dans une douve, envoyaient-ils la double mesure, car *le Saut des Mariés* a encore aujourd'hui six mètres de largeur. Qu'était-il alors, puisqu'il est prouvé qu'en ce monde tout dégénère ?

Je m'arrête ici : tant d'usages et de coutumes seraient trop longs à raconter ; il faudrait encore recourir aux vieilles chroniques d'antan, surchargées de détails souvent arides, toujours interminables, et, comme je désire avant tout vous intéresser, j'ai préféré prendre moins et meilleur.

Je voudrais avoir su choisir avec l'art de l'abeille, qui distingue entre toutes les fleurs les nectaires les plus exquis pour en faire son miel. Ai-je réussi ?

TRÈVES-CUNAULT. — DOUÉ-LA-FONTAINE.

On peut encore faire de très attrayantes excursions dans un rayon plus éloigné. Il ne faut pas omettre les églises de Trèves et de Cunault, deux paroisses qui n'en font plus qu'une.

L'église de Trèves est à peine entretenue. Elle renferme le tombeau, surmonté de la statue couchée de Robert-le-Maçon, grand chancelier de France, qui réédifia, en 1431, sur les ruines de la forteresse de Foulques-Nerra, le magnifique donjon connu aujourd'hui sous le nom de *tour de Trèves*.

L'église de Cunault, par ses sculptures, ses fresques, l'ensemble de son architecture, est l'une des plus remarquables de l'Anjou.

Les uns lui donnent pour origine un prieuré fondé par saint Maxenciol ; les autres l'attribuent au roi Dagobert, qui était aussi duc d'Anjou et se plaisait fort dans ces belles contrées.

Du reste, à *Doué-la-Fontaine*, ville de plus de trois mille habitants, et déjà importante aux premiers siècles de notre ère, on montre les ruines, quelques pierres d'un palais qu'on fait remonter à Dagobert ou aux rois d'Aquitaine.

Tout cela est-il bien authentique ? Je l'ignore. En tout cas, cela ne devait pas être beau, quelque chose comme une grande ferme, l'un de ces vastes bâtiments rustiques dont M. Augustin Thierry parle dans ses *Récits Mérovingiens*, et dont le seul intérêt maintenant est de rappeler la simplicité champêtre avec laquelle vivaient ces anciens rois.

On voit aussi, près de Doué, un amphithéâtre *franc* des plus rares et des plus curieux : « c'est un vaste polygone irrégulier, de quarante mètres de diamètre, taillé en gradins de trente centimètres de large, sur trente-six centimètres de haut. Au-dessous règnent de grandes galeries circulaires, éclairées par des ouvertures percées dans les gradins mêmes, qui servaient sans doute à abriter les spectateurs et les animaux du combat. »

CHATEAUX DE MORAINS ET DE MONTSOREAU.
LE BOURG DE CANDES.

On va encore au château de Morains, sis en la commune de Dampierre, faire un pèlerinage de souvenirs.
Ah ! si toutes ces murailles pouvaient parler, si cette
vieille demeure pouvait raconter son histoire, témoin
muet d'une grande infortune, quel douloureux récit ne
ferait-elle pas ?

C'est là, en effet, que la belle et héroïque Marguerite
d'Anjou, dernière reine de la maison de Lancastre, fille
de René et d'Isabelle, vint s'éteindre de chagrin et de
misère, recueillie par un ancien serviteur de son père, le
digne La Vignolle. Cette fidélité, cet attachement à l'ad-
versité touche vivement le cœur ; c'est du reste le seul
petit coin de ciel bleu de cette lamentable histoire.

Dans cette paisible retraite, Marguerite sembla d'abord
jouir de sa liberté, cette liberté achetée par Louis XI
cinquante mille écus à Edouard d'Angleterre ; mais,
repliée sans cesse sur elle-même, ressassant continuelle-
ment ses propres malheurs et ceux de sa famille, sa
pensée, ballottée nuit et jour entre un passé douloureux
et un avenir brisé, tous ces retours amers avaient miné
sa vie, et elle mourut après deux ans de séjour à
Morains.

Les traditions du château de Montsoreau ne sont pas
plus gaies. Elles rappellent tout à la fois le souvenir des

drames intimes qui s'y passèrent et l'horrible vision des massacres de la Saint-Barthélemy, dirigés dans l'Anjou par Jean de Chambes, comte de Montsoreau, mort en héros à Coutras, il est vrai, mais qui ne fut pas moins l'un des plus fanatiques exécuteurs des ordres sanglants de Charles IX et de Catherine de Médicis, sa mère.

Oublions quelques instants son histoire et considérons seulement au point de vue de l'art ce beau château féodal.

Sa façade, déjà fort remarquable, avec créneaux et machicoulis, est encore embellie par une tourelle taillée à pans, tout ornementée de moulures et d'arabesques, et terminée par une galerie de marbre, à compartiments ciselés.

Nous n'avons pas visité l'intérieur, complètement modernisé, nous a-t-on dit.

Et maintenant allons nous reposer à Candes, joli bourg assez rapproché de Montsoreau pour justifier le vieux dicton :

> Entre Candes et Montsoreau,
> Il ne paît ni brebis, ni veau.

Candes a ses traditions, dont il est fier.

C'est en ce lieu que mourut, en l'an 400, saint Martin de Tours. Il montre aussi avec orgueil son antique église du XIIe siècle, remarquable par la hardiesse de ses voûtes légères et de ses piliers élancés, et son château du XVe siècle, un peu déchu, hélas ! et qui sert aujourd'hui de gendarmerie.

LE BOURG D'AUBIGNÉ
ET LA PETITE VILLE DE GENNES.

Le bourg d'Aubigné-Brillant est remarquable par sa vieille église et les ruines d'un château du XIIIe siècle, flanqué de tours, qui fut le berceau de la famille d'où naquit M^{mo} de Maintenon.

La petite ville de Gennes est le rendez-vous des archéologues et des curieux. Ses environs abondent en ruines romaines et en monuments druidiques du plus haut intérêt, et qui prouvent tout à la fois et l'antiquité et l'importance de cette ville gallo-romaine. Ses églises même, Saint-Eusèbe et Saint-Véterin, paraissent d'anciens temples convertis au culte catholique.

Tout près de Gennes est le château de *Milly-le-Meugon*, terre baronniale des Maillé, qui jadis appartint au grand Condé, après son mariage avec Mme Claire-Clément de Maillé. Une belle habitation moderne a remplacé l'ancienne, mais la chapelle bien conservée du vieux château sert aujourd'hui d'église paroissiale.

On peut encore visiter, près de Thoureil, dans ce même canton de Gennes, les ruines de l'antique abbaye de Saint-Maur.

Fondée au VIe siècle, sur les bords de la Loire, par les Bénédictins, brûlée en 1370 par les Anglais, qui s'en étaient emparés, et que Du Guesclin en chassa ensuite, elle fut reconstruite au XVIe siècle par la Congrégation de Saint-Maur.

Il existe encore une partie fort bien conservée de ce monastère, ainsi qu'une chapelle du XIIe siècle ; tout près, au Sud, est la fameuse tour de Galles, reste du donjon de Richemont, ruiné pendant les guerres anglaises.

LES CHATEAUX DE MONTSABERT, DES FONTAINES, — BUSSY, DE BREZÉ ET DE BRISSAC.

Dans la commune de Coutures, à sept lieues de Saumur, on admire le château de Montsabert, dont les tours superbes dominent tous les environs. Du Guesclin y séjourna lorsque, ayant mis son épée au service de la France, en 1370, il vint chasser, comme nous venons de le voir, les Anglais non-seulement de l'Anjou, mais encore de la Normandie, de la Saintonge et de la Guyenne.

Le château des Fontaines-Bussy, situé dans le canton de Doué-la-Fontaine, au bourg de Verchers, rappelle la vaillance de son ancien propriétaire. Ce château appartint, en effet, à cet intrépide Guérin qui, à la tête d'une faible troupe, défit en 1421, au Vieil-Baugé, un corps d'armée anglaise commandé par le duc de Clarence, frère du roi. Guérin transperça le duc de sa lance et s'empara de son étendard, qu'il alla déposer dans l'église du *Puy-Notre-Dame*, où il resta pendant plusieurs siècles suspendu à la voûte.»

Le château de Brézé, monument historique du XVIᵉ siècle, attire également l'attention des touristes.

Cette belle demeure, récemment restaurée, et bâtie sur l'emplacement même du château primitif, est entourée de larges et profondes douves, creusées dans le tuf, et qui contiennent des logements souterrains pour une garnison de cinq à six cents hommes.

Brissac, à quarante kilomètres de Saumur, est une petite ville fort ancienne, que les chroniques angevines mentionnent dès le XIe siècle, mais dont l'intérêt réside aujourd'hui dans son magnifique château historique, dans lequel furent reçus en consultation Marie de Médicis et son fils Louis XIII, après la bataille des Ponts-de-Cé.

La première famille des Brissac vint se fondre, dès le XIIIe siècle, dans celle des Chemillé.

En 1502, René de Cossé acheta la terre de Brissac, qui fut érigée en comté en 1560, puis en duché-pairie en 1620. Pendant trois siècles, sans interruption, cette noble famille des Cossé-Brissac a fourni des illustrations à la France : Charles de Cossé - Brissac, sous les rois François Ier, Henri II et Charles IX, fut l'un des plus braves généraux de son temps. Ce fut son fils qui remit Paris, dont il était gouverneur, à Henri IV, le 22 mars 1594. Hercule Timoléon, duc de Brissac, également gouverneur de Paris et colonel de Cent-Suisses, sous Louis XVI, fut massacré à Versailles, en 1793.

LES VILLES DE CHINON ET DE LOUDUN.

Chinon,
Petite ville, grand renom,
Assise dessus pierre ancienne,
Au haut le boys, au pied la Vienne.

Cette ville, d'une haute antiquité, était déjà importante
lorsque Clovis s'empara des possessions romaines du
centre de la Gaule. Ses vieux quartiers semblent à la
génération actuelle une vision du Moyen-Age ; rien
n'est changé, et, comme autrefois, on retrouve les ruelles
étroites, les maisons à pans de bois et à pignons : avoir
pignon sur rue, n'était-ce pas alors, plus encore peut-
être qu'aujourd'hui, le rêve de tout riche bourgeois.

Ses églises sont remarquables, principalement Saint-
Etienne, ainsi que les deux tours de l'Horloge et d'Ar-
genton.

Ses fortifications sont détruites, mais son château, que
la main du temps n'a point épargné et qui soutint plusieurs sièges, captive cependant le regard et conserve
son air majestueux.

Les comtes d'Anjou ajoutèrent la ville de Chinon à
leurs possessions en 1144, et la gardèrent en montant sur
le trône d'Angleterre, jusqu'à l'époque où Philippe-Au-
guste, en 1205, la réunit à la couronne de France.

Henri II, roi d'Angleterre, et Richard-Cœur-de-Lion,
son fils, moururent à Chinon.

Le château devint une formidable place d'armes sous

Charles VII, qui y résidait. C'est là aussi qu'il eut sa première entrevue avec l'humble bergère de Domrémy, qui devait devenir l'héroïque Jeanne d'Arc et sauver la France.

Loudun, petite ville également fort ancienne, puise son intérêt dans les souvenirs d'un passé tourmenté.

Au Moyen-Age, cette ville eut d'heureux jours ; elle jouissait de grands privilèges municipaux, et ses coutumes avaient force de loi, même devant les Parlements ; mais, plus tard, elle fut visitée, à plusieurs reprises, par la guerre (c'était l'un des foyers du protestantisme), et par la peste, qui, chaque fois, fit de nombreuses victimes. En 1563, elle enleva près de quatre mille personnes. La famine ne l'épargna pas non plus, et, pendant cette période malheureuse, réduisit ses habitants les plus pauvres à manger de l'herbe et des racines.

Il ne reste du château et des fortifications, démantelées en 1633 par *Laubardemont*, de sinistre mémoire, que deux tours rondes, qui protègent la porte *du Martroy* et le donjon, c'est-à-dire, une grosse tour quadrangulaire, accompagnée de piliers extérieurs qui montent presque jusqu'au faîte de l'édifice.

Dans un autre ordre d'idées, la ville de Loudun évoque toute une série de souvenirs effrayants et mystérieux. L'histoire n'a point oublié les *possédées* du couvent des Ursulines, ni la fin tragique et lamentable du curé de Saint-Pierre-du-Marché, Urbain Grandier.

8

LES TUFFEAUX ET LES ARDOISIÈRES.

Aux environs de Saumur, et particulièrement au village des Tuffeaux, se trouvent ces immenses carrières de pierres blanches qu'on expédie de tous les côtés et qu'on exploite depuis des siècles sans les épuiser.

Saumur a donc ses tuffeaux, qui la rendent blanche et gaie, comme Angers a ses ardoises, qui la rendirent si sombre pendant longtemps. Alors, on taillait la pierre d'ardoise en moëllons pour la construction. Le château d'Angers a été ainsi entièrement bâti de blocs d'ardoise.

Les Romains ignoraient complètement les services que l'ardoise était appelée à rendre dans la suite, et ce n'est qu'au Moyen-Age que l'on commença à utiliser cette pierre à texture feuilletée, qui, petit à petit, devint l'écaille légère dont on couvre nos maisons.

Les ardoises et les tuffeaux sont une grande source de richesse pour le pays. Certaines ardoisières d'Angers fournissent jusqu'à sept millions d'ardoises par an. Cet immense filon bleuâtre, qui commence auprès d'Angers, passe sous la Loire, traverse la Bretagne et se termine dans le Finistère, où il est également exploité avec avantage.

On trouve encore, aux alentours de Saumur, des calcaires propres à la fabrication de diverses chaux, notamment dans le canton de Doué, qui fournit une des meilleures chaux hydrauliques de France, et dont on se sert principalement dans les ports de mer, pour les jetées, les digues, les môles, enfin toutes les constructions battues par les flots.

LE CLIMAT ET LES INDUSTRIES DE SAUMUR.

Situé dans la zone essentiellement tempérée, accidenté sans être montagneux, presqu'à égale distance du pôle et de l'équateur, l'Anjou se trouve dans des conditions atmosphériques particulièrement bonnes. Ni trop éloigné ni trop rapproché de la mer, cette position excellente lui assure la douceur et l'égalité de la température, que ne présente pas le climat armoricain, toujours humide et souvent tourmenté par les tempêtes qui visitent l'Océan.

On divise la France en sept climats, et le département de Maine-et-Loire est placé au point de rencontre du climat séquanien ou parisien et du climat breton, dans un juste milieu qui offre toutes les qualités de salubrité désirables; aussi la moyenne de la vie est-elle ici de quarante-et-un ans et demi, moitié plus qu'à Naples, par exemple, dont le ciel enchanteur, qui semble sourire à la vie, au contraire énerve et tue !

La ville de Saumur, déjà considérable au XIVe siècle, continua de prospérer jusqu'à la fin du XVIIe. Sa population était alors de vingt-cinq mille âmes, mais la révocation de l'édit de Nantes décima ses habitants, ruina son commerce, et lui porta un coup fatal, dont elle ne s'est jamais relevée.

On n'y voit plus ses belles fonderies de cuivre, ni ses ateliers de bosseliers, ouvriers-artistes travaillant le cuivre au repoussé, et qui ont produit une quantité prodigieuse de vases et d'ornements d'église, relevés en bosse, au marteau et au ciseau ; ses nombreuses draperies ont également disparu, ainsi que ses fabriques de toiles.

C'est aujourd'hui Chollet qui a ce monopole important des toiles, et son rayon industriel est si considérable qu'il s'étend sur plus de cent vingt communes et donne de l'ouvrage à près de soixante mille ouvriers.

Sous Henri II, on fit à Saumur des essais de poterie et de verrerie ; la céramique donna encore plus tard quelques spécimens , mais sans résultats sérieux ; actuellement, on exécute de petits ouvrages en émail, qui ont de la réputation.

M. Lambourg, qui vient de mourir à l'âge de cent ans, artiste de goût et de savoir, avait fait sa spécialité de ce genre délicat et charmant qui le met au rang des célébrités saumuroises.

Il y a aussi deux importantes fabriques de chapelets, qui occupent un millier d'ouvriers , et dont les produits annuels atteignent environ un million cinq cent mille francs.

Du reste , on fait de temps immémorial des chapelets à Saumur ; autrefois , il y avait une corporation de patenôtiers, qui taillaient le buis, le houx, le coco en grains, qu'ils polissaient et peignaient de différentes couleurs, après quoi les femmes les montaient.

Ce travail s'est perpétué jusqu'à nos jours, car on rencontre à chaque pas, dans les rues faubouriennes, des bonnes femmes qui font des chapelets comme les Bretonnes tricotent des bas ou filent le chanvre, en marchant.

Au lieu de l'aiguille ou de la quenouille, les Saumuroises tiennent d'une main le fil d'archal et le cordon de perles, et de l'autre le bec de corbin qu'elles font mouvoir avec une merveilleuse dextérité.

Et me voici arrivée, bien chère amie, à la dernière ligne de mon carnet.

J'espère avoir mis votre curiosité suffisamment en éveil, sans l'avoir émoussée toutefois, pour vous déterminer à entreprendre les ravissantes excursions que je viens de faire.

Bacon, chancelier d'Angleterre, l'un des plus illustres philosophes des temps modernes, a dit : « Les voyages sont dans la jeunesse une partie de l'éducation, et dans la vieillesse une partie de l'expérience; et n'est-il pas singulier que les marins, qui ne voient parfois que le ciel et l'eau, écrivent toujours des journaux, tandis que les voyageurs de la terre ferme, où tant de choses intéressantes s'offrent à leurs yeux et à leur esprit, n'en font généralement point. »

Sous ce rapport, vous le voyez, je suis de l'école de Bacon. J'aime à revivre de mes souvenirs et de mes impressions, et même à les communiquer quand on me les demande aussi aimablement que vous l'avez fait. C'est donc encouragée par votre bienveillante indulgence que j'ai écrit ces feuilles légères, que je vous dédie comme une nouvelle preuve de ma fidèle amitié.

Venez donc, chère Comtesse, visiter cette terre charmante dont je garde les plus agréables impressions, peut-être parce que je l'ai vue par le plus beau temps du monde; le soleil vivifie tout, même le souvenir. Venez, et, quoique je songe à replier la mienne, vous verrez qu'il y fait bon planter sa tente. Vous êtes libre comme le vent et vous irez où soufflera votre fantaisie : n'est-ce pas délicieux? tout en respirant un air pur et doux qui

vous fera du bien et hâtera certainement les progrès
de votre convalescence. Venez, et à bientôt ; c'est sur
cette bonne pensée, cette chère espérance que je vous
quitte, excellente amie, en vous renouvelant l'expression
de mes sentiments les plus affectueux et les plus dévoués.

Noëmi DONDEL DU FAOUËDIC.

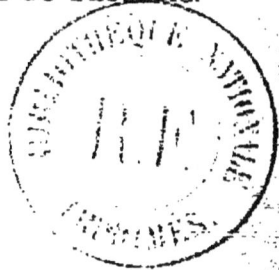

TABLE

TABLE

Dinan : Imprimerie Bazouge.